CAMINHADA
POESIA E CRÔNICAS

ORLANDA LUIZA

REVISÃO, PROJETO GRÁFICO, DIAGRAMAÇÃO E CAPA:

MARCOS AVELINO MARTINS
(cygnusinfo@gmail.com)

IMAGEM DA CAPA:
https://pixabay.com/path-6567149

(imagem do Pixabay por Adam_Tumidajewicz)

L953

Ferreira, Orlanda Luiza de Lima 1942 -

Caminhada Poesia e Crônicas / Orlanda Luiza – Goiânia-GO

Setembro/2021

227p.

ISBN: 978-65-00-30907-2

1. Literatura. 2.Poesia. I. Ferreira, Orlanda Luiza de Lima. II. Título

CDU 82-1/47

Índice para catálogo sistemático

1. Poesia ….....…………………………………………………….. 82-1

PREFÁCIO

Marcos Avelino Martins*

Depois de ter o prazer de editar o ótimo 1º livro da poetisa e cronista Orlanda Luiza, fui agraciado, com grande honra e satisfação, com a tarefa de editar também o 2º livro dela.

Orlanda Luiza brinda-nos, nesta nova obra, com mais alguns de seus belos poemas e saborosas crônicas, onde relembra passagens de sua vida de estudante, casos fantasmagóricos, doces reminiscências e saudades, e presta lindas e preciosas homenagens às cidades onde viveu, nos capítulos **"Parabéns, Goiânia"**, **"Anápolis cinquentenária"**, **"Anápolis centenária"** e **"Ceres em breve histórico"**, além de contar detalhes de alguns casos judiciais que passaram por suas doutas mãos, como nos capítulos , **"2 – Na carreira Jurídica"**, **"6 – De papudos e Papudas"** e **"4 – Relembranças de uma tragédia"**, na qual narra alguns episódios da tragédia radioativa que abalou Goiânia há algumas décadas - onde ela, como Juíza, tratou de alguns processos -, quando do vazamento acidental de uma cápsula contendo Césio-137 - um material altamente radioativo - em um centro de radioterapia na região central da cidade, causando alguns mortos e feridos, e deixando vários dejetos radioativos que acabaram num depósito construído especificamente para guardá-los, fora dos limites da cidade.

Os textos de Orlanda são carregados de suas memórias, ricas em detalhes e nomes das pessoas que lhe são ou foram caras, dos vaivéns das ruas de sua juventude, de assuntos sérios que marcaram sua vida jurídica, e ao mesmo tempo de brejeirice, de curiosos casos de assombração (ou não!), sobre pessoas simples do interior, e atuais, como os dessa pandemia da Covid-19, que mudou a história da humanidade e fez-nos reféns de um inimigo invisível em nossas próprias casas...

Alguns exemplos dessas palavras carregadas de Poesia:

"Vem caminhar comigo" (pág. 16):
> Tenho sensação de abandono.
> A estrada começa aqui. A caminhada, também.
> O trajeto pode ser muito extenso e não sei onde termina.
> Talvez, não tenha fim.

"E como gosto" (pág. 18):
> Gosto de gente
> Que grita alegria,
> Com intensa euforia.
> Que grita o grito do amor,
> Mesmo no silêncio da dor.

"Meditação" (pág. 19):
> Estou meio sonolenta. Cochilo e sonho. Sonho que estou sonhando...

"Que falta de memória" (pág. 26):
> Já me esqueci de ser criança. Minha memória, tão sem graça, anda até sem juventude.

Não lembro mais o escurinho do cinema, o dançar de
rosto colado, o dançar solto, não dançar...

"Algo importa?" (pág. 29):
As tragédias são tantas, que não causam maior impacto.
Frio e calor que matam. Incêndios.   Queima da memória
cultural.
Tufões. Pandemia. Males incuráveis ou de custoso
tratamento. Miséria. Desesperança.
Derrotas nas Olimpíadas do outro lado do mundo, não
obstante a redondeza da Terra.
Violência doméstica, no trânsito, nas abordagens
policiais.
Assassinos em série. Abuso sexual e de autoridade.
Incompreensão e desmandos.
Crimes cibernéticos. Crimes eleitorais.
Prescrição. Extinção da punibilidade.
Desligo os aparelhos. Melhor assim.

"Desejo indesejado" (pág. 31):
Sumiste de vez. Decerto me esqueceste.
Não me olvidei de ti, mas, também, desapareci.
Guardei-te bem resguardado e
resolvi sumir também. Fui longe.
Escondi-me dentro de mim.
Sobrevivi à solidão e ao menosprezo.
Lutei contra a paixão e contra o amor que me dominava.

Resisti e silenciei.

As lágrimas eram tão íntimas que não escorriam pela
face.

"É dia" (pág. 33):

Jornais com manchetes espetaculosas de tragédias e
emaranhado político.

Um gato siamês que se perde na rua e deixa mal o garoto
autista, seu pai.

O vento continua soprando, a mudar a sensação térmica.

Voz embargada. Garganta inflamada.

Mundo inflamado. Aparência de paz.

Violência nos bastidores.

Traumatismos escancarados. Fraturas expostas. Omissão
de socorro.

Sirenes do Corpo de Bombeiros e da Polícia.

Vidas que ficam. Vidas que se vão.

É mais um dia.

"Queria escrever" (pág. 41):

Pensa no passado e no presente.

Não cria expectativas no futuro.

Contenta-se com o hoje. Admite o ontem, sem viver nele.

O amanhã não lhe pertence. Pode ser daqui a trinta
segundos.

"As palavras voam. Os escritos ficam".

Para que escrever?

Tudo já foi digitalizado nas teclas da vida e salvo na
nuvem.

"Amor platônico" (pág. 44):
Amor secreto. Amor puro. Lúdico.
Amor sentido sem sentido.
Relação amorosa idealizada, sem paixões nem
        deslealdade.
Um é amigo. O outro é amor. Não há toques.
Não há retoques, não há pedidos de perdão.
O amor é real, ideal, solitário.

"Talvez ou quase" (pág. 45):
Tudo quase aconteceu. Talvez, a chance seja amanhã.
Ficara, quiçá, num passado remoto. Por um triz, far-se-
        ia presente.
Quase passei, quase me superei... Quase te superei.
Quase. Não te esqueci. Fiquei pensando... pensando.
Talvez, possa ter esquecido de te amar.
... de me amar.
Quase me entristeci. Quase me perdi para te encontrar.
Quase desacreditei de meus sonhos.

"Lacônico" (pág. 47):
Sim.
Não.
Tá.

Até.
Então!
Vai.
Resolve.
Fica.
Amor...

"Na solidão" (pág. 48):

O caminho é largo e poético.

Desperta-me um amor escondido por entre rosas de
flamboyants. As pétalas me vestem e me
recobrem.

Ando em meio às flores e sonho...E acordo para a
realidade branca, fusão e efusão de flores
perfumadas.

Já é noite.

Minh'alma suspira. Na solidão.

"De saudade se vive" (pág. 53):

Não é viver no passado,
Nem do passado.
É viver um momento
Passado no presente.
É saudade.

"Poder e empoderamento – Versos versus homem e mulher"
(Pág. 61):

Bem-vindos, versos de todos os tons,
Para rir, sorrir ou chorar.
Homem e mulher dignos e prontos.
Poderosos. Independentes. Vencedores. Bem resolvidos.
Para viver e amar.
É o que se busca.

"Uma noite enluarada" (pág. 69):
Reino sozinha no espaço!
Nem estrelas competem comigo.
Sou única.
Sou lua cheia.
Cansei-me de ser vazia.
Relaciono-me com outros planetas.
Podem até achar-me promíscua.
É que o vazio me incomoda.

"Saudades de uma amiga" (pág. 79):
E... tudo era festa e risada... até que um dia...
Um dia, cansou-se de beber aqui, na planície da vida.
Cálices, taças e copos, de repente, ficaram amargos.
Você foi beber no Cálice do Sangue de Jesus...
A tulipa e o caneco ficaram vazios...
Nosso coração, cheio de saudades.🥂😭
Todas as tulipas e cristais viraram flores em sua lápide.

"O fático e o jurídico" (pág. 115):

A dinâmica dos Comandos de Cor e de Capital rompem
        solitárias, presídios federais, barreiras,
        trincheiras...
Arrombam portas e porteiras, explodem caixas
        eletrônicos, roubam, matam, destroem.
Preferem a "segurança máxima", onde se sentem sob
        máxima segurança.
Fala-se em celulares bloqueados e a comunicação parece
        sempre aberta.
Mundo fático. Mundo jurídico.
Vida tumultuada, conflitante.
Contrastes e contradições.

"De aposentadoria" (pág. 126):
Todas as medalhas, colares, diplomas e menções
        honrosas que recebi ao longo da vida,
        guardo-os numa estante e no coração.
O trabalho rejuvenesce, traz serenidade e aprendizado
        contínuo. Amigos e adversários.
Espinhos, mas também flores e frutos.
Muitos pensassem, talvez, que eu já houvesse morrido,
        quando renasci e publiquei meu primeiro livro,
        PROSA E VERSOS CONTROVERSOS.
A vida não para e você tem de estar na ativa, sempre.
Aposentadoria passa a mera formalidade.
A luta não tem fim. Nem a vida poetizada.

"A efígie" (pág. 133):

Criminosos de todo gênero, número e grau.

Não há qualificadoras, majorantes nem agravantes que se
enquadrem nos diversos tipos e circunstâncias
infracionais.

Torpeza, armas químicas, tortura. Ameaça de males
graves e iminentes.

Vingança. Futilidade.

Acerto de contas. Queima de arquivo.

"A insegurança" (pág. 135):

Empoderamento de milícias. Organizações paraestatais
sofisticadas.

Bem conectadas ao submundo.

Rebelião, inundações, maledicência.

Metralhadoras e canhões.

Algemas e tornozeleiras. Trapaça.

Câmeras de segurança. Insegurança.

Luta do poder pelo Poder.

Notícias falsas e verdadeiras. Chocantes, alarmantes e
deprimentes.

"Caminhada em caravana" (pág. 152):

Não sabe se passa pela vida ou se a vida passa e a ignora.

E, talvez arrependida, repensa e volta.

Entretanto, já é tarde. Está ilhada.

Coração deserto sem oásis. Num dilúvio, sem arca.

Dias cinzentos, noites de pesadelo.

Abraça e é abraçada por amigos urso e amigos da onça.
Bem amada e mal amada.

"A decisão" (pág. 155):
Aperto o peito da solidão.
Está cheio de vazio.
Seguro-o na mão.
Sinto-o grave e arredio.
Fugiu de mim!
Vi-o partir. Sem receio nem mágoa.
Tornei-me leve. A plenitude em meus anseios. Fui com
ele. Sozinha.

"A dúvida" (pág. 156):
Escalo montanhas de relembranças.
Piso em geleiras e sinto o calor de vulcões em erupção.
Lavas.
Embrenho-me em matas fechadas, que por um tempo me
cerram.
Atravesso terras áridas e campos verdejantes.
Piso em tapetes de pétalas de rosas e em pântanos
nadadouros.
Há encruzilhadas e dúvida, no meio do caminho.

"Imaturidade" (pág. 157):
Andei sobre ondas de encantos e, em marés de
desencantos, afoguei-me.

Fiz acrobacias. Sobrevoei. Sobrevivi.

Lugares de beleza inimaginável visitei.

Sorvi as cores do arco-íris e do céu e do mar.

Ri, sorri, dei risadas e gargalhadas.

Chorei. Lamentei. Orei.

Virei adolescente rebelde, revolucionária dentro de mim.

Não queria paradigmas nem estereótipos.

Naveguei e voei em sonhos de amor e resplandeci,
    talvez, mais que a estrela Dalva. Simples ilusão
    de ótica.

"A volta" (pág. 159):

Pelos "Caminhos e Descaminhos", cantava o silêncio e
    os gritos da vida.

A passos lentos, ia em cadência de pranto, pelo mundo
    violento.

Arcabouço da existência.

A passos largos, o coração ao relento... Em busca de fé e
    esperança, voltei.

Estava à porta de minh'alma, que, aberta, me aguardava.

"A janela aberta de cá" (pág. 169):

Aqui, também, a vida acontece. A diferença é que os de
lá não sabem o que se passa nos pavimentos
inferiores nem superiores, antessalas de
gabinetes, de escritórios. Solenemente instalados.
Do lado de cá.

Para quem se acha além da janela, aqui é muito
silencioso.
Não se ligam sirenes. Não se ouvem gritos de dor.
Os males daqui acontecem aqui...
        Aquém da janela.

"Que tragédia" (pág. 197):
        As trevas da pandemia desceram e cobriram o universo.
                Igualou a todos, na escuridão do desconhecido.
        Cientistas debruçam-se sobre livros e experimentos.
        Recursos cibernéticos.
        Não dormem. Não comem.
        Não param. Dia e noite, noite e dia. Esquecem-se de si
                mesmos.
        Todos, até os teístas e ateístas, possivelmente,
                genuflectam e, quem sabe, fazem o sinal da
        cruz...
        Correntes de oração percorrem e ligam o mundo.

"Chora!" (pág. 200):
        Depois, veio a noite.
        Temes as trevas, esquecendo que na escuridão é que vês
                a lua e as estrelas.
        Choras de medo, sem uma razão plausível. Mas, a dor é
                tua e somente tu lhe conheces a intensidade.
        Ninguém pode sofrer em teu lugar.

Poderia estender-me mais nesse prefácio, mas não quero tirar-lhes o prazer da leitura do livro. Por isto, gostaria de encerrar esse pequeno texto, dando um carinhoso recado à poetisa Orlanda Luiza, autora desses textos tão ricos e cheios de sua história de vida: que venham brevemente novos livros seus, que certamente tocarão o olhar e a vida de quem os ler, porque, como escrevo sempre nas dedicatórias de "Ciranda Poética", um de meus livros de poemas, *Poesia é a arte de extrair Primaveras de nossos Outonos.*

Goiânia, Setembro/2021

Marcos Avelino Martins

* Engenheiro por formação, desenvolvedor de sistemas de informação por escolha, poeta por destino, autor de mais de 90 livros de Poesia (já com mais de 3.400 poemas publicados) e um de contos e crônicas, atualmente escrevendo seu 1º romance

VEM CAMINHAR COMIGO

Estou de saída.

Quero-te a caminhar comigo.

Tenho sensação de abandono.

A estrada começa aqui. A caminhada, também.

O trajeto pode ser muito extenso e não sei onde termina. Talvez, não tenha fim.

É preciso esperança e persistência.

Convido-te. A decisão é tua.

Pode haver pedras, cascalheira, espinhos e intempéries. Flores, dias sorridentes, suavidade da aurora.

Não posso alimentar expectativas nem te iludir. Sem fantasias.

Depois da curva, uma armadilha, um embaraço, um obstáculo aparentemente intransponível ou um inimigo de tocaia.

Tudo pode acontecer. Ou nada.

Convido-te a irmos desarmados, de corpo e espírito. Sem assombro, sem resistência.

Lá, bem longe, após muito caminhar, podemos estar fatigados, com sede e fome.

Sol e chuva sobre nós.

Poeira, animais vorazes, intrincadas matas.

Outra hora, desertos, montanhas, insalubridade.

Um oásis avistaremos, quem sabe...

A distância não impedirá que nos juntemos a outros caminhantes. Pelo contrário, providenciará o encontro.

Já somos muitos. O caminho torna-se macio e animado. Trilha

em veludo.
Toda canseira cai no esquecimento.
Rompem-se as dificuldades, porque a companhia, o sentimento de união e compartilhamento de ideias e metas sobrepõe-se e se impõe. Amizades se enlaçam. A estrada, antes estreita e solitária, alarga-se e acolhe a todos.
Quiçá, pelo caminho afora, tu descubras que nos amamos...
Queres arriscar? Aceita meu convite.

<u>E COMO GOSTO!!!</u>

Gosto de gente
Que fala o que sente.
E grita com o mundo
Que a intriga,
Com intriga irritante.
E grita com a grita do mundo,
Desse mundo intrigante.

Gosto de gente
Que grita alegria,
Com intensa euforia.
Que grita o grito do amor,
Mesmo no silêncio da dor.

Que canta a música do universo,
Sem passado, sem retrocesso.
Que se esmera no grito,
Na grita, no canto e no tom.
E se vale de todo ruído e som,
De todo meio de alarde,
E proclama o Infinito e a felicidade.

<u>MEDITAÇÃO</u>

Momento de silêncio, em que falo comigo mesma e com Deus.
De olhos fechados, deitada, ambiente calmo, ponho-me a meditar.
Mindfulness. Atenção plena.
Contraio e descontraio os músculos.
Inspiro e expiro lentamente...
O ar sobe desde a ponta de meus pés, a sola, o peito dos pés.
Perpassa os tornozelos, alcança os joelhos e as coxas.
Vai roçando as partes íntimas, a beijá-las amenamente.
Contrai-me o abdômen. Chega aos pulmões e ao coração. Tudo quieto, abandonado no tempo.
Vou inspirando, um... um...um...
E expirando, aaa...aaa...
O ar é puro e reconfortante.
Vai até minha face, atinge a cabeça, penetra e caminha por meu cérebro.
Abro os braços, levanto-os e abaixo-os, em seguida.
Volta o ar descendo, descendo, desde a cabeça, até a ponta dos pés.
Estou, ainda, de olhos fechados, compenetrada, sem pensar em nada.
Se aparece uma lembrança negativa, ponho-a de lado e continuo meditativa, completamente relaxada.
Abro os olhos, vagarosamente, e vejo uma penumbra, que me envolve.

O mundo fica leve. Ouço cantos de pássaros,
voz murmurante de águas plácidas, dança de borboletas... Não
faz frio nem calor.
Estou meio sonolenta. Cochilo e sonho. Sonho que estou
sonhando...

<u>INQUIETUDE</u>

Estou irrequieta.
Não paro.
Minha cabeça é um turbilhão de sentimentos.
Ajo por impulso.
Não me dou o direito de refletir.
Gestos inquietos levam-me à precipitação.
Mudo o tom suave para o agressivo.
Preocupada com um doente na família.
Preocupada com a violência no mundo.
Apreensiva comigo e com muita coisa que não é da minha
conta.
Preocupada com o amanhã.
Insisto em pensar no que não posso resolver sozinha, que está
longe de minhas mãos.
Perco o sono. Perco o tempo. Ando sem saber aonde ir.
Questiono a existência efêmera e ilusória.
Lembro as palavras bíblicas, que indicam ser prudente
solucionar tão-só os problemas de cada dia...
Entretanto, a inquietação continua.
Que tribulação!
Já é uma ansiedade doentia.
Preciso repensar o Sermão da Montanha.
-Olhai as aves do céu, que não semeiam nem ceifam e o Pai
celestial as alimenta. Não valeis vós muito mais que elas?
Olhai os lírios do campo, como eles crescem, não trabalham

nem fiam, e Eu vos digo que nem Salomão, em toda sua glória, jamais se vestiu como um deles.

Olho para meu próprio âmago e aquieto-me, por instantes.

Peço à agitação que vá para as águas do mar. Que esse nervosismo me deixe em paz.

Quero tranquilizar-me ao som das ondas e da correnteza. Ir além do arco-íris. Levitar.

Caminhar pelas praias da juventude e até dançar nos bailes da vida e ao relento.

Demorar-me em respiração profunda e meditação.

Talvez, busque terapia. Sinto-me angustiada. Síndrome da incerteza.

A turbulência insiste em revirar e balançar o avião. Tempestade. Desequilíbrio em meu pequeno espaço.

Ouço músicas relaxantes. Deleito-me ao sol da manhã. Aqueço corpo e alma. Faço exercícios físicos e orações.

Se, ainda assim, estou inquieta, sigo em movimento. Não posso parar.

A vida grita dentro de mim.

Grito com ela. Grito tão alto que ninguém me ouve.

Minha voz irritada e aguda ecoa um certo medo e impaciência.

A voz esganiçada bate em rochedos e rebate na pedra que se tornou meu coração.

Soluço para chamar atenção de outrem. Carência leviana. Insensatez.

Travo uma guerra íntima e aquelas batalhas vêm à superfície, à arena.

Luto com as minhas próprias forças e com um exército de lamentos e balas de enganação.

Fico muito agitada, mas preciso canalizar essa inquietação para o construtivo e o colaborativo.

Aquele que se preocupa comigo está apenas recostado na barca.

Tem poder de afastar todo mal e sua compaixão é infinita.

Todo o tempo é presente diante de seus olhos. O passado não escraviza e o futuro não mais apavora.

Meu coração é efervescente. Que o seja para o bem.

<u>QUE COISA!</u>

Não sei de que tanto falam.
Alto e bom som e não escuto.
De vez em quando, saio de meus quefazeres celulares, fico meio
antenada e vejo que riem, riem, gargalham. Decerto, contam
piadas...
Outra hora, contam casos do passado, lembram ancestrais e
contemporâneos de faculdade e de orgia. Tudo é uma farra e
cascata de risadas! KKK KKK
Manhã de sol e descontração.
Domingo de missa e culto evangélico.
Almoço de comida mineira, árabe, chinesa,
nordestina ou mesmo goianeira.
Dia de descanso, até para quem vive à toa.
O direito é de todos, como o sol nasce para todos. Mas, nem
todos descansam.
A vida, nessa pandemia, tirou a tranquilidade do mundo.
Muitos aguardam boletins médicos de UTIs.
Outros, intensivistas comprometidos com seu grau universitário
e empatia, lá estão, a postos.
Não há visitas. Só preocupação e incerteza.
Melhor estão os que ainda podem gargalhar.
Rindo ou chorando, só não podemos perder a fé.

As vacinas chegam, trazendo saúde e esperança de volta à normalidade, que nem é tão normal assim... Será que os problemas já não eram o suficiente?
Volto ao celular. Não quero ver nem ouvir mais nada!
Que coisa virou esse mundo, de uma hora para outra!

<u>QUE FALTA DE MEMÓRIA!</u>

Ia-me esquecendo de levar isca, vara e anzol, quando lembrei
que não ia pescar.
O boné estava ficando para trás e o guarda-chuva, também. Ora,
pra que isso? Preciso é de bengala.
Faz um solzinho e faço uma caminhada curta.
Encontro uns velhotes amigos e alguns jovens vigorosos e
alegres.
Esqueço os nomes deles. Não importa.
De alguns, aliás, nunca soube. São apenas caminhantes.
Meus cabelos brancos, decerto, brilham, nesta manhã
ensolarada.
Esqueço que envelheci.
Minha mente, porém, não se ressente de juventude.
Às vezes, volto à infância. Já é hora.
Pego a bicicleta velha, sem freio, sem campainha, sem lanterna.
Tem rodas, assento e guidom. Quando precisa, pra não passar
em cima de algum moleque, a brincar de finca, na rua
encharcada, grito Pip! Pip! Piiip!!!
Quando um não ouve, passo em cima da mão dele e a molecada
me atira pedras. Eu tomo um tombo, rasgo o joelho e sigo.
Minha mãe não pode saber, pois, é muito brava.
Já me esqueci de ser criança. Minha memória, tão sem graça,
anda até sem juventude. Não lembro mais o escurinho do
cinema, o dançar de rosto colado, o dançar solto, não dançar...
As músicas do Trio Irakitan, os românticos boleros, as cartas de

amor, os beijos apaixonados.

"Aqueles olhos verdes"...♪🎼♫♪ Era um garoto, que como eu,
amava os Beatles e os Rolling Stones...

Por outro lado, a desmemória é benfazeja.

Esqueço mágoas, decepções, ressentimentos. Traições e
mentiras.

Veranico de janeiro, frente fria, tristezas.

Estou de bem comigo mesma. Apesar de certo esquecimento,
guardo a maioria das boas lembranças.

Parafraseando Fernando Pessoa,

A vida sempre vale a pena, se a alma não é
pequena.

SEM RUMO

Vou andando por aí.
Uma quadra, outra, ainda outra.
Um quilômetro, uma légua.
Cruzo ruas, estradas e caminho em trieiros.
Sob chuva inclemente ou sol escaldante.
Entro em matagais. Descalça e tristonha.
Mal vestida. Entediada. Pálida.
Passo por serpentes e dragões.
Escalo montanhas íngremes.
Vou rio abaixo.
Chego ao mar bravio. Ondas revoltas.
Pelos caminhos e descaminhos, toda sorte de entes traiçoeiros e
implacáveis. Raposas, ursos, feras, escorpiões.
Ratos e insetos. Nuvem de gafanhotos. Enxame de abelhas
africanas.
Mais adiante, fuzis, tanques de guerra, mísseis.
Helicópteros a sobrevoar lugares inacessíveis, em missão
policial.
Sigo sem direção, nesse estranho mundo.
Passo por humanos e desumanos.
Por altos e baixos. Por vivos e mortos.
Vou na solidão de mim mesma.
Vazia e desarmada. Perdida.
Sem rumo.

ALGO IMPORTA?

Já nem sei se algo importa.

A efemeridade me entristece.

As rosas murcham.

A brisa passa.

O sol desce para o poente.

Vem a noite de sonhos e pesadelos.

Outro amanhecer.

Leio o jornal de hoje e de amanhã, em edição especial do fim de semana, e fico atualizada.

Vidência. Presunção.

Sábado e domingo são um dia só.

Decerto, o que houvera de acontecer, já aconteceu. Até as previsões astrais, tão alvissareiras.

Bom que logo vem a segunda feira.

E tudo continua.

E as notícias, quase sempre alarmantes, vêm a todo momento.

Cada dia se vai. No domingo, você não conhece o obituário ou ninguém morre.

Quão bom o domingo!

Se todo dia fosse domingo, seríamos tão felizes! Aqui, não é mesmo, onde jornal não é diário?

Todavia, a TV e a internet não dão sossego. Trazem tudo em tempo real.

As tragédias são tantas, que não causam maior impacto. Frio e calor que matam. Incêndios. Queima da memória cultural.

Tufões. Pandemia. Males incuráveis ou de custoso tratamento.
Miséria. Desesperança.
Derrotas nas Olimpíadas do outro lado do mundo, não obstante a
redondeza da Terra.
Violência doméstica, no trânsito, nas abordagens policiais.
Assassinos em série. Abuso sexual e de autoridade.
Incompreensão e desmandos.
Crimes cibernéticos. Crimes eleitorais.
Prescrição. Extinção da punibilidade.
Desligo os aparelhos. Melhor assim.
Dou umas boas risadas.
Pequenez. Mediocridade. Insignificância. Tudo mesquinho.
Importa a vida, mesmo que passageira.

DESEJO INDESEJADO

Eu te queria. Queria, sim.
Mas não queria. Covardia. Dúvida.
Não te conquistei nem lutei por isso.
Deixei em tuas mãos inseguras a decisão da aventura.
Tudo à mercê da sorte. Sem sorte.
Desapareceste e não te procurei.
Sumiste de vez. Decerto me esqueceste.
Não me olvidei de ti, mas, também, desapareci.
Guardei-te bem resguardado e
resolvi sumir também. Fui longe.
Escondi-me dentro de mim.
Sobrevivi à solidão e ao menosprezo.
Lutei contra a paixão e contra o amor que me dominava.
Resisti e silenciei.
As lágrimas eram tão íntimas que não escorriam pela face.
Cri haver superado paixão e amor.
Sentimentos contraditórios e tédio resistiam.
Um novo amor, quem sabe, pudesse surgir.
Ser visionária. Buscar um novo dia. Reviver.
O encantamento não reaparecia. Que lástima!
A rotina, recheada de desilusão e incertezas, era o presente. Não
havia planos, futuro, nem sonhos e fantasias.
O vazio individual enchia-se de infinitude.
Lembranças anuviadas viravam nuvens tenebrosas.
Gosto de água salgada nos lábios.

Ventos uivantes gritando nos morros do inconsciente.
O passado renascia e impedia germinar um novo amor.
Os olhos da alma, porém, um dia, reabriram.
Na encruzilhada, tomei o caminho inverso.
No meio do caminho, pensei haver-me reencontrado e prossegui,
em desmedida renúncia ao negativismo e às quimeras.
Não era mesmo o fim da linha.
O trem do passado descarrilou.
Escolhi ou fui escolhida por outro, que passava por atalhos.
Era, sim, o recomeço. Na trieira. Nos trilhos.
Demo-nos as mãos e seguimos.
Iríamos transpor a linha do horizonte?
O velho amor/paixão reapareceu ululante e seguro de si, mas
fora rejeitado.
Só então descobri que fui amada e, naquela hora, rija e fria
como rocha, não correspondi. Não quis corresponder.
Reinventei-me.
O antigo desejo, repelido, tornara-se indesejado.

É DIA

Amanhece frio e o sol quente.

Ruas meio vazias. Ônibus enfumaçados, lotados.

Carros que seguem apressados, cada um em sua direção. Ruídos incompreensíveis.

Vozes distantes, não entendidas.

Bebidas nas mesas. Pessoas preocupadas, tentando vencer a ansiedade.

Jornais com manchetes espetaculosas de tragédias e emaranhado político.

Um gato siamês que se perde na rua e deixa mal o garoto autista, seu pai.

O vento continua soprando, a mudar a sensação térmica.

Voz embargada. Garganta inflamada.

Mundo inflamado. Aparência de paz.

Violência nos bastidores.

Traumatismos escancarados. Fraturas expostas. Omissão de socorro.

Sirenes do Corpo de Bombeiros e da Polícia.

Vidas que ficam. Vidas que se vão.

É mais um dia.

<u>À ESPERA</u>

Estou à espera.
Sem ansiedade.
Calmamente, espero.
Com um frio cortante, estou bem agasalhado e não me incomodo.
O dia não entristece a vida.
A mudança brusca de temperatura é impactante, mas deixa-me livre para caminhar, cantar, sorrir.
Importa que o calor humano me aqueça, a fé abrase-me o coração e meu espírito seja livre e leve.
Continuo à espera do minuto seguinte, da próxima hora, do dia de amanhã.
Espero com esperança. Não me abate o dia seco e nublado. Chuvoso nem sem graça.
Sempre acho graça na vida, no rotineiro dia, no sol que se levanta no oriente e segue rumo ao entardecer.
Estou em compasso de espera. Sem pressa.
Aguardo a burocracia de um cartório, as formalidades do Gabinete de um Juiz, o médico que atende a uma emergência, o responsável que foi para o almoço.
A mãe está esperando o bebê...
O aficionado em futebol aguarda, ansioso, que o jogo comece ou que termine logo, porque seu time está vencendo.
O apaixonado se desespera com a indiferença.
O tempo não espera. Passa e não deixa vestígios.

É implacável e não fica a olhar os ponteiros do carrilhão.
Após o dia, a noite descerá e estrelas hão de reluzir, na imensidão do céu.
Vou adormecer, sonhar... E depois de muito sonhar colorido e romântico, acolher a luz de um novo dia.
É só esperar.

CONVERSA COM O SOL

- Por que vais aí sob esses raios quentes, sol a pino?
Descalça, sem sombrinha e tão sozinha?
Essa calçada de pedras queima-te os pés.
Menina sem juízo, o que fazes à toa, na rua?
Volta para casa, é o Sol que está te exortando!
- Não, Senhor Sol, estou bem. Meus cabelos ao vento refrescam-me a cabeça. Não me importa o calor nos pés. Tenho de ir.
-Aonde vais sob quase meia centena de graus centígrados?
-Ora, pra falar a verdade, nem entendo isso aí que me dizes.
Vou andando, salto uma pedra, tropeço em outra, e vou seguindo. Cheguei à altura do Liceu, que já é museu. Logo passo pela Praça do Coreto.
- Com tanta pressa e insistência, por quê?
Escolhe outra hora...
-Tenho e não tenho pressa. Quero é chegar.
É que resolvi, logo cedo, matar uma curiosidade.
Ainda bem que não parei pra falar contigo. Não posso perder tempo. Devo retornar antes do anoitecer.
Vim lá de cima, de uma rua remota, precária, ainda sem calçamento. Trago os pés empoeirados e temo até sujar essas pedras branquinhas onde piso. É que, lá na Escola, ontem, interpretamos um poema de Cora Coralina e me apaixonei de vez. Deixou-me deslumbrada.
Ao mesmo tempo, fiquei tão triste, pois soube que ela morreu. A Professora disse, porém, que A Poesia é eterna. Sua voz ecoa no

vento, no perfume das flores, no burburinho das águas do Rio Vermelho, no sino da Igreja do Rosário, e até no trepidar dos pés que passam na ponte daquela que se chamava, a si mesma, de "a menina feia da Ponte da Lapa".

A Poesia ecoa nos Becos de Goiás e estórias mais.

Mostrou retratos dela jovem e envelhecida e está linda em todos, porque a Poesia não tem idade e faz o poeta sempre bonito.

Não posso crer que haja sido a tal menina feia... Não consigo. Nasceu poeta.

O poema fala de amores perdidos no tempo, o que me deixa meio encucada...mas deixa pra lá.

Ó Sol, o que eu estava te falando mesmo? Ah! Já estou aqui na Cruz do Anhanguera.

Parei um momento para rezar, posto que, toda cruz me lembra Cristo.

Daqui a uns instantes, adentro e atravesso a Ponte da Lapa.

Disse que saí para matar uma curiosidade. E é pra isso que venho caminhando.

Quero conhecer o Museu Casa de Cora Coralina.

Avisto a porta, os janelões de madeira, as sacadas meio enferrujadas, o velho telhado, umas paredes meio mofas, que, talvez, estejam cheias de segredos...

Vejo a roseira, trepadeira, da casa vizinha, debruçada sobre os muros carcomidos pelo tempo implacável.

Lá dentro, da porta pra dentro, deve haver estantes com seus livros. Penso que tem o LÊ DEVOLVE. Vou ler um por um. E ficar sem nenhum. E guardar cada um...

Deve estar exposto, lá, o tacho de cobre, em que fazia deliciosos doces... Suas fotos cozinhando... uma cristaleira antiga na sala... Ah! Quem sabe o velho fogão a lenha esteja fumegando de saudade dela...

Oh! O fogão de taipa, o feixe de lenha, a casa de chão batido, pedras e tábuas remontadas... sua cama estreita, suas coisinhas pobres... a colher de pau, a mesa pobre florida e perfumada, um vidro de boca larga com uma flor murcha, um bule de asa quebrada...

Já vou entrar. Arrepio-me de emoção!

Boa tarde, Sol ameno!

Boa tarde, ANINHA!

DE TRAIÇÃO

Beijos de Judas roçaram-me a boca.
Beijos de Judas.
Entristeci-me. Fiquei magoado.
Sofri, mas não fui ao Calvário.
Ganhei abraços de tamanduá.
Não me quebraram costelas. Apertaram-me o
peito.
A traição, por sua vez, me atraiçoou. Deixou-me descrente,
sofrido, meio depressivo, retraído, deliberadamente isolado.
O sentimento de perda... Rompimento de confiabilidade.
Choque emocional. Reações primitivas de agressividade.
Até parece que iria morrer...Mas fui liberto.
Incongruência?
É que não creio ser a traição quebra de um pacto. Não se trai o
que foi acertado, o que se combinou, os juramentos de amor
eterno, as promessas formais.
Muitas vezes, as expectativas são irreais e demais as cobranças.
A insatisfação pode não ser com o outro, mas consigo mesmo.
As novelas, filmes e seriados fazem do tema lugar comum e
centro das atenções e imitação na vida real.
Esvai-se o poder de concentração. Altera-se a rotina diária.
As religiões tratam-na como pecado.
O Código Penal trouxe o adultério tipificado até há pouco.
Não se trai alguém. Como assim?
Um flerte, um olhar malicioso, um gesto...

Um beijo na boca.

Uma carícia. As mentirinhas...

Negativas de uma conduta. Contato físico ou virtual. Celular guardado a sete chaves. *Hashtags.* #TBT...

Tudo afeta a mente. A alma, às vezes, dá pena.

Você, o traidor, contudo, faz uma escolha. Opta por infidelidade.

Tem perdão? Não tem. Não cometeu um erro. Escolheu. Fez sua opção, mesmo que passageira, momentânea.

Se o traído quiser fingir-se de morto, fazer ouvidos moucos ou se não quiser enxergar, talvez sobreviva a relação...

Desmoralizante, desmoralizada, acometida de males incuráveis.

Aparência. Farsa. Insignificância ou desdém.

Aceitar ou superar e dar nova direção à vida: deixe a encruzilhada, o trevo. Siga.

Não se traem pessoas. Rompe-se um laço. Há quebra de confiança.

Talvez possa ser tida por amostra grátis da falta de caráter ou motivada por vingança ou desejo de novos anseios a experimentar.

Chamo de libertação, porque o fulano, sicrano, amigo, parceiro ou qualquer nome que o valha num relacionamento, deu-se a conhecer, em tempo. Sempre é tempo.

E roubada a boa-fé, não dá mais para reacreditar.

Traem-se sentimentos. Até os próprios.

QUERIA ESCREVER

Escrever... escrever...
Escrever o quê?
A vida escreve por mim.
Vai tecendo conversas e colacionando fatos.
Traz comédias e tragédias.
Risadas e pranto.
Dúvidas e certeza.
Calmaria e temporais.
Lutas, perdas e ganhos.
Amor e desamor.
Vida e morte.
Fala, desdiz, desconsidera.
Grita, pula, dança. Treme. Canta.
Atira sem alvo e faz buscas sem sentido.
Solta rojões. Corre. Euforia. Adrenalina. Arroubos de paixão.
Encantamento. Enlevo. Chuva e sol.
Frustrações. Medos. Angústia.
Esconde-se. Acovarda-se.
Vive entre feras e fera se torna. Retoma a humanidade.
Levanta-se de quedas. Vence-se a si mesma.
Festeja. Comemora e bebemora. Ri. Sorri.
Zomba do estado depressivo. Dá gargalhadas.
Guerreia consigo própria, seu maior inimigo.
Sua mente é um extenso e intenso campo de batalha.
Seu arquivo de memórias não comporta mais nada. Recusa-se a

esquecer.

Emociona-se em preces de gratidão.

Pensa no passado e no presente.

Não cria expectativas no futuro.

Contenta-se com o hoje. Admite o ontem, sem viver nele.

O amanhã não lhe pertence. Pode ser daqui a trinta segundos.

"As palavras voam. Os escritos ficam".

Para que escrever?

Tudo já foi digitalizado nas teclas da vida e salvo na nuvem.

<u>POR QUE O PORQUÊ</u>

Por que assim choras?
- Porque nada tenho, agora!
-Pensas assim, por quê?
Procura o porquê de tanta incerteza...
Tem fé e ora, porque tudo passa, nesse mundo que passa...
- Por que tanto me animas?
- Porque tenho um Ser que me fortalece e, de repente, sei que
Ele irá ao teu encontro.
Teus porquês serão respondidos.
Tuas dúvidas transformar-se-ão em segurança.
Se chorares, serás consolado.
Sorrirás com a vida.
Nenhum mal chegará à tua tenda.
Porque todo porquê acha solução no Infinito PORQUÊ.
Nem me perguntes por quê.

<u>AMOR PLATÔNICO</u>

De amor mesmo, o outro não sabe.
Pode até ser recíproco... perfeito, mas vaporoso, sem marcas, sem vestígios.
Amor fantasia. A distância.
E que distância!
O coração sofre, em santa inocência.
Não há palavras nem acenos. Beijos na face, quem sabe.
Quase sempre, nem se conhecem.
Amor secreto. Amor puro. Lúdico.
Amor sentido sem sentido.
Relação amorosa idealizada, sem paixões nem deslealdade.
Um é amigo. O outro é amor. Não há toques.
Não há retoques, não há pedidos de perdão.
O amor é real, ideal, solitário.
O que ama, suspira, pena, e esse amor, "nem às paredes confessa".
À noite, são sonhos. Sonhos demorados e inconclusos de um amor dessexualizado.
Amor espiritual e sem intensidade física de volúpia.
O outro o olha desinteressado e você sente até ciúmes do amor quase impossível.
Amor perfeito, sem falhas nem preconceito.
Amor platônico.

TALVEZ OU QUASE

Não ponhas a culpa em mim.
Talvez eu nem saiba porque tudo acabou.
Acabou por acabar.
Talvez nos amássemos, talvez.
Quase acreditei em meu amor por ti e que fosse correspondido.
Vou dizer o que já disse: um talvez de diplomata.
É quase uma despedida. Não há *Green Card* coisa nenhuma.
Tudo embargado, fechado, *lockdown*. Visto negado. Sem luz no
fim do túnel.
Tudo quase aconteceu. Talvez, a chance seja amanhã. Ficara,
quiçá, num passado remoto. Por um triz, far-se-ia presente.
Quase passei, quase me superei... Quase te superei. Quase. Não
te esqueci. Fiquei pensando... pensando.
Talvez, possa ter esquecido de te amar.
... de me amar.
Quase me entristeci. Quase me perdi para te encontrar.
Quase desacreditei de meus sonhos.
Por pouco não resvalei para a descrença total.
Quase perdi a fé e a esperança.
Talvez estivesse sem fé em mim mesma e assim,
desesperançada.
Tentaram-me fazer crer que fosse incapaz de atingir minhas
metas.
Duvidei de tudo, quase, talvez, a um palmo de ser feliz. Fiquei
por aí, esperando...esperando que me chamassem para a luta.

Passei ao voluntariado. Depois, entrei na batalha. Tive quase certeza de que poderia competir e igualar-me a quem me subestimava.

Joguei e quase ganhei. Continuei jogando.

Vi, depois de muito quase e talvez, que sou igual aos iguais.

Quase fui amada. Porventura o terei sido?

A dúvida, a possibilidade não enxergada, a incerteza reinante trouxeram o talvez, o quase, levando embora a probabilidade da realização. Perda de tempo. Aceitação de um sorriso hipócrita, um galanteio, um beijo de traição.

O contrário da afirmação não é a negação, é a dúvida. José Ingenieros há de estar certo.

Dize Não. Dize Sim. Não fiques assim.

Talvez, Quase, pode estar impedindo a certeza da vitória e a sede de te encontrares ou de o encontrar.

O quase e o talvez podem ser, talvez, a pedra de tropeço, no meio do caminho.

"Diga Sim à Vida e ela lhe responderá SIM!".

LACÔNICO

Sim.
Não.
Tá.
Até.
Então!
Vai.
Resolve.
Fica.
Amor...

NA SOLIDÃO

Caminho em pétalas rosadas...
Meu teto é florido e florado.
Ando a sós, ao entardecer.
Vou, lentamente, pensativa...
Parece que não quero ver o fim do caminho...
Prefiro, talvez, não chegar lá.
Temo o desconhecido. O sol pode se pôr...
Não sei se a florada vai comigo.
O perfume inebriante me entontece.
O róseo enche meus olhos... de cor e emoção.
Sigo, pé ante pé, para não amassar o tapete que me en...leva.
Misturo-me às flores.
Já sou uma delas.
O caminho é largo e poético.
Desperta-me um amor escondido por entre rosas de *flamboyants*.
As pétalas me vestem e me recobrem.
Ando em meio às flores e sonho...E acordo para a realidade
branca, fusão e efusão de flores perfumadas.
Já é noite.
Minh'alma suspira. Na solidão.

<u>QUANDO ENVELHEÇO</u>

Envelheço quando o espelho não reflete mais as risadas da alma.
... quando resiste à imagem de olhos vivos e fecha o semblante.
... quando a fisionomia desmente a
mensagem e a incoerência do olhar trai-lhe a expressividade.
... quando deixo um pingo de lágrima acinzentar o espelho.
...a mente se enruga, encolhe-se e torna a própria imagem tão
pequena.
... me olho no espelho com a mente em fúria e levo uma
chamada.
... quando o espelho perde a cor da vida e nada mais reflete.

MIGALHAS POÉTICAS

O céu, vindo à terra, transmutava em leveza o peso de angústia e
dor.
Um novo dia alvoreceu.
O sol, outra vez, a reluzir.
Seus raios fulgurantes não vieram para queimar.
Eram pequenos raios de luz. Partículas de vida.
O universo translúcido.
Cada ser resplandecente.
O mundo a conversar.
Falava de guerra, armas, teatro.
Dança, música, cinema.
Pandemia. Anarquia. Frieza.
Política. Justiça. Parlamento.
Flores, com a diferença da sorte, a enfeitar a vida ou a morte.
E o dia foi passando.
Na mesmice. Na sengraceza da vida.
O sol, perdendo a cor radiante.
Aos poucos, tornou-se arrebol. Mais uma vez.
A vida foi sendo partilhada...
Em gotículas de lágrimas...
Fios de luz...
Pipoquinhas reluzentes na imensidão.
Partículas de som...
Migalhas de pão espiritual.
Restos de esperança e fé.

Corações partidos... Fragmentos.
Poesia em células...

Caminhada Poesia e Crônicas   Página 51

UMA ROSA AZUL

Solitária. Uma só.
Tenta abrir-se ao sol.
As pétalas, meio fechadas,
Querem ficar assim.
É azul, não é carmim.
É rosa, não é jasmim.
É somente Uma Rosa Azul.

A Poesia faz rosas até mescladas.
A manipulação genética do DNA de flores multicores pode fazer
Uma Rosa Azul.
A minha, busquei nos confins da Índia.
No mais profundo buscar do coração.

DE SAUDADE SE VIVE

Todos têm saudade
Do que se foi...
Do que é presente ausente,
Do que nunca tiveram.

A saudade é saudosa,
É saudade...
Fica latente... dormente, arraigada,
Enraizada, embirrada.

Não tem dó da dor que causa...
Saudade é perfume, cheiro de amor.
Cores de um arco-íris,
Negritude de cheol...

Dia sem sol, noite sem lua,
Estrela cadente, sem chão.
Emoção de tristeza,
Sem lugar, sem sonhar.

Fica subentendida,
Escondida, disfarçada.
Não se sabe de onde vem,
Se veio, se vai voltar.

Não é viver no passado,
Nem do passado.
É viver um momento
Passado no presente.
É saudade.

Caminhada Poesia e Crônicas   Página 54

Não é viver no passado,
Nem do passado.
É viver um momento

O QUE É SAUDADE

É o desejo insaciável
Do olhar que não olha mais,
Do beijo que beijou,
Do abraço que abraçou.

É o bramir do vento,
O brandir da voz ao relento.
Um sonho de desalento.
Reticências, reminiscências.

Sem definição,
Oculta uma interrogação.
É latente, resistente,
Persistente. Sente muito
E nada sente.

Dói a seu modo, sem jeito,
Mora no seu peito.
Se entra em ação,
Mutila o sensível coração.

Nasce sem sementes
E se esparrama...
E em toda a alma derrama,
Feito erva daninha.

É buscar o ontem,
O hoje, o amanhã.
É andar sem destino,
Um desatino.

Sem dó nem piedade,
Vai doendo a saudade,
Sem saber do mal que faz,
Sem saber do bem que traz.

MINHAS ESCOLHAS

Entre ser menina, criança, adolescente,
resolvi ser infância.
Entre adulto, velho, idoso, decidi ser jovem.
Não mudei mais de fase.
Efetivamente, não sou lua. Nem de lua.
Deixei de ser moleca e fui professora.
De acadêmica de Direito a estagiária, bacharela, advogada com
carteira provisória e principal originária (nomenclatura da
época).
Entre Inspetoria do Trabalho e Supervisão Educacional, preferi o
Ministério Público/Estadual e Federal, cada um, a seu tempo.
Optei, depois, pelo Judiciário da União.
Aspirações concretizei, dentro de estreitos limites e corredores.
Transpus barreiras. Superei falatório e preconceito. Positividade
e pessimismo, desconfiança e medos. Autoridade e
autoritarismo.
Fui até ao lugar em que tive fôlego.
Não era de sete gatos.
Na caminhada célere do tempo, o coração bateu forte por
alguma paixão.
Todos, um dia, batem ou rebatem esse diletantismo.
Um dia é da caça; o outro... ?
Encontrei, pela estrada, hipotrélicos, imprizidos, antipodáticos
(abaixo os neologismos).
A todos os sengraçantes e invejosos, respondi com cara de

paisagem.

Com amor, optei pelo amor. Família: pais, irmãos, esposo, prole, afins.

Mesmo que demore, todavia, chega a hora da de... CISÃO.

Você vai romper com algo ou alguém ou parar de cindir. Decidir.

Interromper o curso da incerteza, para deixar fluir a vida.

É a força de vontade que o conduz à meta proposta.

Não há margem para dúvidas.

É hora de definição.

Delibere.

Você responde por suas escolhas: entre o bem e o mal, o fazer e o não fazer, ir ou ficar.

Ser celibatário, sacerdote, caminhante ou sedentário. Andarilho. Esmoler. Líder.

Andar cabisbaixo ou levantar a cabeça.

Aprender ensinando e ensinar aprendendo, com responsabilidade e sentimento.

Ter amnésia de angústias e decepções.

Andar sobre as águas ou afundar.

Optar por esquecer tudo ou lembrar, sempre, grandes amizades e amores.

Constranger-se, constranger, arrepender-se...liberar perdão, até para si mesmo.

Perdas e ganhos.

Altos e baixos.

Subir morro e descer ladeira.

Nublar-se e sorrir com o sol.

Determinação é a palavra de ordem.

Escolher, sempre, toda estação que o faça feliz. Inspirar e expirar fraternidade.

Primaverar-se e veranear todo dia.

A escolha é sua.

Não escolha ódio nem indiferença. Opte por nobreza de caráter e espírito.

Resolva-se. Erre sozinho. Hiberne, se quiser, mas suplante o outono e não passe frieza para outrem. Floreie-se. Aqueça-se a alma.

Resplandeça. Vire estrela e brilhe no seu íntimo ser.

Em plenitude de lucidez e discernimento, irradie complacência e fé na vida.

Faça jogo de luz e lance efeitos especiais.

Seja espaço, para encher o vazio de paz e esperança.

Sinta que o dia é hoje... A vida, agora.

Viver não é fácil, contudo, entre tudo quanto a vida me oferece, escolho VIVER.

<u>A CURTIR VIVALDI EM AS QUATRO ESTAÇÕES</u>

Como não compartilhar As quatro estações?
O que veio primeiro, a música ou os sonetos?
A ordem dos fatores não altera a beleza da genialidade
sonorizada!
As notas cantam cada palavra dos poemas.
Tudo é divinal em Vivaldi!

PODER E EMPODERAMENTO – VERSOS VERSUS HOMEM E MULHER

Não se buscam uns versos quaisquer.
Nem homem ou mulher a que se atribua poder.
Homem e mulher engajados, abraçados à causa social. Libertos
e seguros.
Descobridores dos próprios talentos.
Usuários de sua energia vital em busca de realização. Sucesso.
Completude.

Seres humanos fortes e virtuosos.
Homem... mulher, sem acepção de gênero.
Pelo poder ansiosos. Por que razão?
Domínio, altruísmo, luta pela sociedade?
Simples vaidade e sede de poder?
Não se sabe.

Buscam-se, por sua vez, versos livres, tocantes. Simétricos,
ritmados. Rima
pobre ou rica. Na rima da vida. Horizontais. Pujantes.
Consistentes.
Se leves, não reticentes.

Não se procura verso industriado
Nem ser humano forjado.
Cada verso há de superar, em essência, as palavras que o

compõem.
E aquele, vencer os preconceitos,
Que desalmados lhe sobrepõem.
Pressupõe-se homem ou mulher decidido a caminhar rumo à
meta proposta e que se apaixone por seu alcance.
Determinado. Intenso. Em atitude proativa.

Transpostas fraquezas e medos,
Versos podem nascer românticos,
suaves, chorosos. Épicos, sensuais.
O ser humano que se vence, derrota, de uma vez por todas,
negativismo e insensatez.

O verso já é vigor e libertação.
Ode à vida, primavera. Ressurgimento.
O ser humano, humilde, sem subserviência, assim como o
rigoroso sem imposição, empodera-se.
Não o empoderam.

Bem-vindos, versos de todos os tons,
Para rir, sorrir ou chorar.
Homem e mulher dignos e prontos.
Poderosos. Independentes. Vencedores. Bem resolvidos.
Para viver e amar.
É o que se busca.

UM DIA APÓS O OUTRO

Trinta, trinta e um, primeiro.
Dois. Três. Quatro.
Já é janeiro.
Logo vem o carnaval, marco de início do ano brasileiro.
E tem Semana Santa.
E vêm outros feriados, até Finados.
O tempo não para.
Você pode estar parado, deixando a vida passar.
Mais um Natal em luzes e cores.
Manjedoura e berços de ouro.
Outro Réveillon.
Outro 1º de janeiro.
Roda viva da estagnação.
Círculo vicioso.
Vida sui generis.
Pandemia.
Vírus a circular.
O dia se vai. Outro vem, no vai e vem, no vaivém.
A noite chega e enegrece o mundo.
Você aguarda a primavera, para sorrir, a sexta feira pra curtir, o amanhã para sentir.
E fica na expectativa, sem agir, sem amar...
Dia após dia, a felicidade passa e você não vê. Olhe ao redor e em seu interior.

Olhe para cima.
Entre na linha do horizonte. Alce voos.
Viva o hoje e pague pra ver o amanhã.

<u>DO MOLUSCO INVASOR À PÉROLA</u>

Ele não vê olhos lacrimejantes,
Tristonho semblante angustiado.
Olhares de raiva tão fumegantes,
Fagulhas de ódio incendiado.

Não vê, faz de conta, incrivelmente,
Que o sol se põe, turvo, no arrebol.
Esconde-se, indiferentemente,
Enroscado, no próprio caracol.

Molusco hediondo, nojento,
Bípede lodoso, pachorrento.
A espiral vivente da terra.
Não tens pés? Nem cabeça?
Quem és? O homem?

Caramujo do mar... indolência.
Barcos, invasor, inclemência.
O que eras?
Ostra, em conchas, pérola gera.

DIA MUNDIAL DA ÁGUA

Tanta água benta!
Já nasceu benzida.
Abençoada água que mata a sede.
Água pura, límpida, cristalina, direto da mina.
Água do poço onde a mulher queria da água viva de que Jesus falava.
Água da pia batismal a que fui levada.
Águas do Jordão, do batismo por São João.
Água da chuva que lava o mundo, tirando-o de tanta poluição.
Telhados limpos, ruas cheias de enxurrada, plantas molhadas, se balançando ao vento, em sorrisos pingados e respingados...
Pingos de lágrimas que se juntam aos do chuvisqueiro e escorrem pela face e formam uma lagoa na alma.
H2O sem o que não há vida.
É preciso louvar a Água, toda hora.
Lembrar a gota d'água que saiu na chaga do lado, em Jesus crucificado.
Águas revoltas de trombas d'água, que descem pelos morros e encostas, transformando tudo em escombros, que recobrem cadáveres.
Tragédias consequentes das ações humanas inconsequentes.
Desmatamento. Clandestinidade. Troncos e frondes cortados pelas motosserras da inconsciência. Carregamento de madeiras de lei, pelos sem lei.
O mundo se faz árido, estéril, seco.

Para onde foi a água do ribeirão, que, mansamente, corria, transpondo e contornando obstáculos, logo ali?
Estou vendo um deserto. Poeira, onde era o leito de um rio...
Onde há oásis? Só sequidão?
A água secou. Olhos secos e céticos.
O Homem vê-se diante de si mesmo, incrédulo e tresloucado com o que ele próprio causou.
Ainda haveria salvação?
Não há, sequer, o que economizar.
As ações anti-humanas criaram a desolação, o caos. O desperdício cria em fonte inesgotável.
Não há mais céu nublado. Nem prenúncio. Somente céu de brigadeiro.
O ser (des)humano se questiona e se põe a reflorestar, a dessalinizar a água dos mares, a fazer transposições dos São Francisco e, quem sabe, dos Amazonas, Tocantins e dos Araguaia que restam...
Que voltem as chuvas...
Que se abram mentes e comportas.
Ainda restam soluços e poças d'água de arrependimento.
Que não deixemos esse legado decepcionante e inclemente aos que vierem depois de nós. Se vierem...
Que haja água para encher de alegria a vida, os olhos, de lágrimas de felicidade.
Que a Natureza volte a sorrir, em amena chuva de bênçãos.
Resta a fé no ser humano e a esperança de novos tempos para o universo.

Que dentro de nós não se formem temporais marinhos e as intempéries não se invistam contra os mansos e pacíficos, cuja bem-aventurança é a Terra.

As cores do arco-íris se reflitam no interior de cada um e que, após a tempestade, venha sempre a bonança.

Hoje, é Dia de Reflexão e de Louvor à Água, em todas as suas formas, com muitas nuvens escuras, trovoada e chuva até encharcar e agraciar e saciar a sede da Vida!

E dai de beber a quem tem sede.

Salve a Água, nesse 22 de Março!

UMA NOITE ENLUARADA

Reino sozinha no espaço!
Nem estrelas competem comigo.
Sou única.
Sou lua cheia.
Cansei-me de ser vazia.
Relaciono-me com outros planetas.
Podem até achar-me promíscua.
É que o vazio me incomoda.
Perco a paciência. Irada. Entediada.
Há quem sonhe, inspirado em mim.
Vejo amores incompreendidos...
Sonhos frustrados...
Amores casados.
Desenlaces, sob minha luz sombria.
Tudo à meia luz, tão suave, tênue...
Tão admirada sou!
Serei mesmo um satélite?
Compensaria ser estrela?
Elas se escondem, ante minha proclamada beleza!
Meu silêncio, em pouco brilho,
ainda assim, causa inveja a constelações.
Mesmo com brilho emprestado, sou luz própria, a lua romântica
e cheia de si.
Quando passo por certas fases, nenhuma jovem inebriada ganha
seresta.

Minha ausência é sentida... o céu, sem graça.
Quando estou envaidecida, cheia em mim mesma, ouço vozes
delirantes de amor, ao som de um violão.
Outros choram amores perdidos, sem sentido, lua vazia.
Sou Lua Cheia de fagulhas apaixonadas e
um pouco reluzir de sol.
Sou uma noite enluarada. Mais nada...

LUAR E SERESTA

Violões e belas vozes a cantar...
Para eu adormecer e sonhar...
Algum vinha sozinho, com seu pinho
A chorar, numa cantata.

A lua era a companheira
Dos jovens, talvez apaixonados.
Delirantes, acordavam, suavemente,
As moças, na madrugada.

Tudo era sonho e doce vibração.
Atrás da janela, o coração pulsava
E o silêncio reinava.

Nunca vi os seresteiros
Mas ficou sua voz,
Em mim... em nós:

"Se os anjos do Céu são loiros, ela é anjo, sim, Senhor!

CONDOMÍNIO LACRADO

Aqui, vizinhos não discutem nem se cumprimentam.
Reina silêncio mortal.
Olhos fechados para sempre.
Matéria inútil, comida de insetos.
Há mansões e barracos e barracões.
Os moradores se igualam.
Não há fazendeiros, advogados, médicos nem garis.
Afinal, a igualdade chega para ficar.
Os amigos te levam até ali.
Teu corpo vai para uma gaveta ou um crematório.
Há, também, corpos sepultados no mar e em rios. Sem velório.
Somente pranto e certeza da incerteza.
Chegada a hora, tu vais...para o condomínio horizontal ou
vertical. Tua casa sem chaves.
Às vezes, viras cinzas, numa caixinha de fósforo.
Daí em diante, ninguém mais te acompanha.
Somente tu, prestando contas.
A...Deus!

<u>DO PRIVILÉGIO DE FICAR CONTIGO</u>

Privilégio que tiveram os passageiros, durante aquele voo! Coral que cantou no casamento real de Meghan e Harry, a bordo, cantando "Stand By Me". Lindo demais! Faz um bem danado assistir a algo assim!
AMEI! COMPARTILHEI

<u>SOBRE AMAR BORBOLETAS...</u>

... é comigo mesmo.

Estava no jardinzinho de minha casa, com a caçula nos braços.

Ela contava uns onze meses de vida e, até então, não havia dito uma palavra sequer.

Mas, de repente, aparece uma borboleta se fazendo de beija-flor.

A pequena, tomada de grande susto e medo, grita, apontando: - BOLETA!!! BOLETA!!!

Mal deu tempo de bater uma foto!

Não se falava em *selfie*.

O medo de borboleta já ultrapassou, há um bom tempo, a adolescência!

Tá na mente da criança!

O MONJOLO E EU

O velho monjolo a moer e remoer os grãos da saudade!
Minhas origens remontam a Monjolinho de Minas, onde
viveram meus bisavós maternos:
José e Ana FERNANDES DE LIMA.
A fazenda deles, segundo historiou minha mãe Luiza Fernandes
de Lima, dera origem a esse distrito de Lagoa Formosa. Eram do
século XIX. Descendentes de portugueses.
Parêntese:
O monjolo fora uma significativa máquina rústica, eis que
servira para tirar a mão escrava da mão de pilão.
Vale registrar que foram senhores de escravos, que nunca
escravizaram. Não havia os algozes feitores.
Tratavam-nos como familiares e muitos deles chegaram a adotar
o sobrenome Lima.
Ainda de acordo com a mãe historiadora, se bem me lembro, em
suas terras, estavam as nascentes do ribeirão (ou rio) homônimo.
Minha infância ouviu, sem prestar nenhuma atenção, o
chooaum-pong de um monjolo.
A água da bica, a cair e movê-lo, é, também, um som que bate e
rebate na memória da alma.
- Menino, vai lá na casinha do monjolo e traz o fubá pra mãe
fazer o bolo!
Aí, todos tinham pressa!

O forno de barro já estava no ponto.
Quando infância e monjolo se juntam, a mistura canta os sons da bica d'água e da saudade sem fim.

<u>CONCURSO DE CARPIDEIRA</u>

Quero chorar, não tenho lágrimas...

Meu desejo era participar de um concurso bem original. Achei um: de carpideira.

Acontece que não tenho talento (?) nem habilidade (?)... Muito menos sei mover os músculos certos, para chorar de carrada.

Isso é para as atrizes de verdade, que tanto sabem fingir...

Mas, porém, contudo, senão, entretanto, aliás... Todavia, secaram-se-me as vias lacrimais.

É o que disse o Oftalmo, que, talvez, quiçá, porventura esteja errado. Pode ser...

Logo agora, que surgiu o concurso de minha vida, o torneio dos meus sonhos de espantar a crise da pandemia... Negócio da China!!!

Logo agora... Não gastaria nada para tirar uma grana preta (sem preconceito, bem entendido), apenas deixando rolarem lágrimas de crocodilo... junto com os verdadeiros chorões chorosos!

Não é possível!

Até rio que seca volta a correr...

Não sou mercenária, senão quando, prantear um finado, em solene velório e, sobremodo à beira de um túmulo, vier em meu socorro, no ÚRTIMO grau de necessidade...

Me arranja um jeito, Doutor!

Pra tudo, no Brabrabra...sil, dá-se um jeitinho...

Um colírio miraculoso...

Pode ser milagroso mesmo, desde que meus olhos virem uma cachoeira, um pranto dorido, um mundéu de choradeira, de uma principiante carpideira.
Prometo chorar com classe, lágrimas que levem todos às lágrimas. Hei de ser classificada.
Obrigada, Doutor! Muito obrigada, mesmo!

SAUDADES DE UMA AMIGA

Oi, amiga! Tanta saudade de você...
Estamos aqui, em frente do edifício onde morava. Tomando
cerveja e vinho.
Porém, tudo é sem gosto, sem sua presença e sua risada..
Sem você a beber daquele meio barril de chopp que levamos lá
para sua fazenda...
Você bebia, ria, gargalhava... jogava copos marrons, de vidro, no
elevado que receberia seu jardim...
E falava obscenidades 😂😂😂
E... tudo era festa e risada... até que um dia...
Um dia, cansou-se de beber aqui, na planície da vida.
Cálices, taças e copos, de repente, ficaram amargos.
Você foi beber no Cálice do Sangue de Jesus...
A tulipa e o caneco ficaram vazios...
Nosso coração, cheio de saudades🥂😢
Todas as tulipas e cristais viraram flores em sua lápide.

DE VISITAS INESPERADAS

O rapaz, bem-apessoado, bonito mesmo, chegou sem avisar.

Foi recebido por mim e sentou-se ali, na sala principal.

A meio namorada, minha irmã, com ele não queria nada.

Vaidosa, convencida, ciosa da própria beleza.

Era assim mesmo.

Por qualquer "dá cá uma palha", terminava um namoro.

Desse aí, então, não queria nem saber.

Ignorava-se o porquê dessa antipatia...

A sala era separada da copa por uma cortina de seda.

Chamei-a. Ela veio sem saber de nada.

Dei-lhe um empurrão que a jogou além da cortina, quase no colo do tal rejeitado.

Quase morro de rir.

Mas, a vingança não tardou.

Certo dia, meu avô veio e se sentou lá, na mesma sala.

Eu não gostava de tomar-lhe a bênção, porque tinha de falar:

- Louvado seja Nosso Senhor Jesus Cristo.

A danada pagou com a mesma moeda.

O empurrão foi tão grande que caí no colo do vô, que respondeu solene e feliz da vida:

- PARA SEMPRE SEJA LOUVADO, netinha!

DIA DE FINADOS

Não sei se vou esse ano fazer a visita.

Da última vez, caí lá perto do túmulo, com flores e guarda-chuva na mão. Andei me machucando um pouco.

Meu íntimo, que começava a cicatrizar, abriu-se, outra vez, em feridas.

O guarda-chuva acabou.

A tristeza e a saudade, NÃO! ☺☺☺

As flores, espatifadas, choraram em pétalas.

A chuva caía e fazia a tarde merencória.

Molhava Palmeiras, rosas e crisântemos. E enchia de lágrimas os olhos, que, em vão, tentavam contê-las.

Tudo era silêncio.

Lápides com os nomes de cinco entes queridos: pais, irmãos, um cunhado.

Centenas de derradeiras moradas. Terra e flores e velas. Vidas apagadas no Cemitério Jardim.

Orações, desolação, corações e olhos marejados.

Visita de Finados.

<u>BANCA DE MERCADO</u>

Aqui é legal.
Tem de tudo.
Balaio, peneira, pá, cesto, abajur de vime.
Chapéu de palha e de couro.
Lamparina. Panela de barro e de ferro.
Tem flores vivas e de plástico e mulheres de plástica e botox.
Homens barriga de tanquinho, chopp branco,
cerveja preta, vinho branco e rosado, vinhos baratos e caros a
seu gosto e bolso.
Lá do outro lado, restaurante popular, Empada do Mário (desde
1951), pastel, revistas e livros de cordel.
Relojoaria e bijuterias.
Açougue de primeira, lixeiras, bandeiras.
Chá de quebra-pedra, douradinha, seca barriga, cura-tudo,
granola, castanhas, sete ervas, duzentas ervas...
Jogo americano, caminho de mesa, puxa saco, roupas em arara,
árvore de Natal e árvore da vida.
Recarga de bateria e de energias.
"Uma rede preguiçosa pra deitar..."
Frutas e verduras ao alcance da mão.
Alho e cebola em réstia.
Café roceiro, caseiro e lá de Araguari. Torrado e moído na hora!
Sentiu o cheiro?
Pequi, minha gente, da entrada à saída do mercado. Litro sem
fundo falso. Toc toc toc!

Ah! Não posso esquecer a banca de doces e queijos.
Queijo pra Mineiro nenhum botar defeito!
Até quem não gosta, come. É a faca e o queijo. Goiabada,
abraço e beijo.
E tem mais. Fique sabendo que
"Dinheiro não compra felicidade, mas compra queijo, que é
quase a mesma coisa".
Oh! Que coisa! Uai, Sô!

<u>DO ANTIGO MERCADO CENTRAL</u>

Na Rua 4, Centro, em frente ao então
Umuarama Hotel, ficava o antigo mercado de Goiânia.
Eu era pré-adolescente. Minha mãe estava internada no Hospital
São Lucas.
Hospedávamos na casa da prima Laura, no Botafogo, hoje, Setor
Universitário.
Vim do interior, como pajem ou babá do irmão caçula, com
poucos meses de idade.
Já havia visitado a mãezinha uma vez.
Na segunda, meu pai resolveu comprar umas frutas, no Mercado
Central.
Encantada com as bancas, tão grandes para minha visão
provinciana, saí andando e me perdi dele.
Que sufoco!!! Um não achava o outro!!!
Cansado de me procurar, seguiu, esbaforido, para o hospital.
Nervoso demais, o italianizado falou, aos gritos:
-Luizinha, a Orlanda sumiu!!
Minha mãe, rindo, disse:
Já chegou há um tempão!
-Está no banheiro!!!

O INUSITADO ELOGIO

O casal chega ao Mercado Central.
O homem senta-se à mesa do barzinho.
Logo na entrada.
A mulher vai fazer as comprinhas:
queijo meia cura, panos de prato, chá de alecrim, toalhas de
mesa rebordadas e *otras cositas mas*.
Um amigo aboleta-se lá, com o amigo.
Com as mãos cheias de sacolas, a mulher vai chegando e fala
qualquer coisa com o marido. E ambos riem.
Não é que o último a aconchegar-se ali, diz, num rompante:
- Eita muié bunita! Óia os dentão dela!!

1 – HOMENAGENS

1.1 – PARABÉNS, GOIÂNIA!!!

FAZER O QUÊ???

Fazer nada, é a pedida.
Hoje é sábado.
Dia de mercado, vinho e quibe.
Música sertaneja gritada.
Não faz mal.
Sou toda ouvidos.
Sacolas cheias.
Mentes vazias, quem sabe.
Mãos dadas. Peito aberto.
Máscaras coloridas.
Crianças a brincar.
Cartões magnéticos a passar.
Há quem fume, sem medo de câncer.
Sábado frio.
Sol meio sombrio.
Hoje, porém, não é somente sábado.
Minha memória filmou, há cinquenta e cinco anos, belíssimos
desfiles cívicos, com fanfarras, moças vestidas a caráter,
Bandeiras, Hino Nacional com a mão no peito. Baliza.
Uniformes de gala.
Alegria, sorrisos e aplausos.
Aniversário de GOIÂNIA, Planalto Central.
Vizinha de Brasília, irmã da Capital Nacional.
O Prefeito, sim, era o mesmo de hoje:
#IRIS REZENDE MACHADO.

Parabéns, Goiânia! Parabéns, eterno PREFEITO!
"Porque hoje é sábado".
Porque, hoje, é GOIÂNIA, não vou fazer nada...
Só louvar a Cidade da Eterna Primavera!

1.2 – ANÁPOLIS CINQUENTENÁRIA

A INUSITADA REDAÇÃO

O ano, 1957. Uma adolescente cursava a 3a. série ginasial, em colégio salesiano, feminino.

Passara as férias de julho no interiorzão.

Início de agosto, retorno às aulas.

O inesperado a esperava: redação sob o tema O Cinquentenário de Anápolis.

Desavisada, com atraso, chega à porta da sala.

Uma colega já concluíra seu texto e saía.

De pronto, a retardatária leva um susto e diz, ofegante:

- Amiga, nada sei de aniversário nenhum. Nem estava aqui (a professora, nem aí!).

O que será de mim?

- Ora, não fique nervosa. Fale do desfile, o som dos tambores, fogos, discursos.

A semente fora lançada em solo fértil e a imaginação se encarregara do resto.

Foi o suficiente até para esquecer que seus textos só recebiam o depreciativo conceito Estilo pesado e não sabia mudá-los.

Inspirada nas ideias, mão na massa...

Mão na tinta.

A ESCREVEDORA

Empolgada, com as ideias lançadas em sua mente por uma colega, revive a efeméride, O Cinquentenário de Anápolis.
E o faz com todo calor da alma, como se houvesse assistido e vivido o retumbante espetáculo.
Os tambores ribombam em sua mente. Desfiles escolares e militar.
A caneta tinteiro desliza e preenche a folha sem pauta. E cria entrelinhas.
Seu coração entra no desfile.
É porta-bandeira. Compõe a fanfarra. Marcha com ritmo. Traja uniforme de gala. Veste-se a caráter. É baliza.
Posta de anjo.
Faz discurso de louvação, no palanque de autoridades.
Em êxtase, cumprimenta Anápolis, num grande abraço e sorriso aberto.

A EFEMÉRIDE EM REDAÇÃO

O estilo da escrevedora ganha leveza.

A exigente Professora de Português lê o texto, original e criativo, em muitas salas de aula.

Seria um *insight*, um tak e tatak dos índios Tupi? A discente não escrevia NADA, até então!

O Cinquentenário de Anápolis faz-se comemorar, poeticamente, em lampejos de sons e cores, em rufar de tambores:

rá - tim - bum, tarará - tim - bum,

rat - rat - rat! ratataaaá -ta! rataplã... rataplã!

O fertilizante do imaginário faz alvorada, com direito a banda de música.

Solfeja e canta o Hino Nacional. Com a mão no peito, comove-se.

Estoura fogos de artifício, que estrondam, ao anoitecer.

Festeja e felicita a cidade amada, o dia inteiro.

A escrevedora, promovida a redatora,

liberta-se de vez e libera seus escritos, sem sair, talvez, do Estilo pesado.

Fora pesar e sopesar a pena, em outras plagas, em outro tempo.

Anápolis a nutre de novos conhecimentos, na juventude.

Pela Faculdade de Direito de Anápolis - sua FADA-madrinha na carreira jurídica.

1.3 – ANÁPOLIS CENTENÁRIA

O PROGRESSO

DAIA... César o que é de César.
Os supersônicos rompem seu espaço, em acrobacias.
Os Empire State Buildings arranham-lhe os céus.
Suas ruas, há muito, são tingidas de piche.
Rodovias pavimentadas entram e saem.
As antigas jardineiras cedem lugar a luxuosos coletivos.
O trem de ferro, piuí!!! piuíííí!!!
O Porto Seco, sem aridez, não sente falta do mar.
Universidades pipocam e arrebentam de bacharéis.
O colégio salesiano já é misto e uma freira não fica mais, com algodão e acetona,
às segundas-feiras, na entrada estreita, da rua lateral.
Deixa o esmalte nas lindas unhas da nata da sociedade? Agora há rapazes também.
Viva Anápolis, a centenária adolescente.
Em quarto crescente.

<u>PARABÉNS, AMADA!</u>

Hoje, a adolescente do Cinquentenário adentra o Santuário
ANÁPOLIS.
Prostra-se aos pés do Todo Poderoso e, de mãos postas, rende-
lhe graças, por reviver seu cinquentenário e vê-la ultrapassar os
cem anos de vida...
Por relembrar tudo, com grande emoção e saudade intensa.
Sem baús, que bastem a recolhê-las...
A Manchester não sai da adolescência. Tem, mesmo, alma de
criança.
A magrinha, esmirrada menina moça, já é septuagenária e a
Cidade, sequer chega à juventude.
Não importa. Nem se diga que vivera um dia de sol de cento e
treze anos.
O universo onomatopeico ressoa no coração da discente
escrevente.
Inebriada, outra vez, enlaça ANÁPOLIS em seus braços.
Adolesce e cresce, em efusivos parabéns.

1.4 – CERES EM BREVE HISTÓRICO

<u>CERES E EU</u>

CERES AMADA, passei por você, por sua Ponte de Tambores,
aos meus quatro anos (1947).
Você estava nascendo.
Voltei a vê-la em 1956, recém-entrada na primeira infância, ó
criança.
Eu, adolescente, no seio de sua gente.
E meu mundo era grande.

Com você, no Colégio Imaculada Conceição, cuja construção
foi dirigida pelo Frei Berard McInerney, curador de almas por
excelência.
Frei Francisco, então seu Diretor, no púlpito, com a voz forte e
abençoada, fazendo a homilia, para a moçada em fila, os
ginasianos de cada ano.

Todo professor com ar de severidade. Tudo era disciplina e
seriedade.
Fiquei longe de você por três anos.
João Sinésio, meu irmão, companheiro e ciumento "guarda",
começou a perder a audição (fazia a 3a série - estudávamos
fora). Voltou para casa e trabalho. Segui o curso e o concluí em
Anápolis.

Você fizera seis anos e chegamos aí para morar e viver, um ano
antes de sua idade da razão.
Todavia, já nascera ajuizada. Pela mente de seus fundadores e
pioneiros: BERNARDO SAYÃO Carvalho Araújo, Álvaro de
Melo, Domingos Mendes da Silva, Jair Dinoah Araújo,

Congregação Franciscana (norte-americanos em missão no Centro-Oeste), Evangélicos (presbiterianos e batistas).
E várias outras mentes e corações,
Tantas outras mãos, que minha mente não retratou, foram operários ou mestres de obra e Mestres.
Edificaram moradias e prédios públicos e particulares, igrejas, escolas, hospitais e, a um só tempo, seu povo culto e generoso.
Os cidadãos do centro goiano, mesorregião do Vale do São Patrício, de que é, hoje, um dos polos cultural, médico, de serviços públicos e privados. Afasta-se muito de sua vocação primeira, sem perdê-la.

Digno de menção honrosa o nome da primeira professora de Inglês aí, mulher
admirável e que deixou grande legado: Helena Andrade Araújo.
De Madre Julita Marttems, uma das primeiras Diretoras da Escola Imaculada Conceição.
Frei Francisco Eustace, inesquecível Diretor do Colégio homônimo.
Frei Edmundo Fox, fundador do Curso Normal (1960).
Professor Antonio Hellu, eterno Diretor do Colégio Estadual João XXIII.
Todos, hoje, de saudosa memória.
Eu volto para abraçá-la, amada CERES!

<u>OS PRIMÓRDIOS</u>

O fundador e primeiro Administrador da Colônia Agrícola
Nacional de Goiás - CANG foi o grande Engenheiro Agrônomo
Bernardo Sayão.
Criada em 1941, deu origem a CERES, núcleo sede da Colônia.
Experiência pioneira de reforma agrária, abriu portas e fronteiras
para o universo.
No auge da migração e imigração - destaque para a Colônia
Síria aí e em Anápolis -, chegou a mais de 36000 habitantes,
sendo mais de 33000 na zona rural.
Das CANGs implantadas no país, a de Sayão atingiu a plenitude
de seus objetivos.
Surgiu do ideário da Revolução de 1930,
prosseguindo no Estado Novo, na democracia e nas mentes
iluminadas e vontade e força hercúlea dos
bandeirantes/desbravadores do século passado.
A pedido de JK, o carioca Bernardo Sayão deixara a
tranquilidade das praias e beleza natural e luzes do Rio de
Janeiro, para ser desbravador e levar povoamento e vida social à
Mata do São Patrício, ou seja, a interiorização do
desenvolvimento, o desmanchar de regiões selvagens e seu
povoamento.
Com a construção da BR-153, o "Último bandeirante do Século
XX" abriu as portas do Centro-Oeste para o mundo.
Seu companheiro de luta, médico Álvaro de Melo, que dá nome
a Colégio e Faculdades, partiu em tragédia (afogamento no Rio
das Almas), precocemente.
Seguiu-se a Marcha para o Oeste, de Getúlio Vargas e dos
visionários Juscelino Kubitschek e Bernardo Sayão, enxergando,

ao longe, o desenvolvimento da região central do país.
Ultrapassaria, em muito, os projetos iniciais.
Com a intensa chegada de migrantes e imigrantes, já não se construíam em tempo as moradias.
Daí a abertura e expansão para Uruana, Carmo do Rio Verde, Rubiataba, Rianápolis, Santa Isabel e outros.
A CANG trouxe vida intensa e abundante ao sertão.
Fez de CERES uma verdadeira DEUSA!

OS COLONOS E BERNARDO SAYÃO

A CANG gerou CERES.
Aos colonos, eram doados lotes de 32 a 52 ha, de acordo com o tamanho da família (mínimo de cinco filhos). Lotes urbanos eram, igualmente, doados, além de alimentos, assistência à saúde, escolas, transporte, ferramentas para o trabalho dos rurícolas.
Deu-se, assim, infraestrutura razoável para o acolhimento e fixação deles à terra, fértil e verdadeiramente produtiva e ao nascimento de cidades, em especial, da aniversariante, que hoje (4 de setembro), festeja, vaidosa e encantadora.

Havia condições e exigências de boa conduta (alcoolismo e comportamentos antissociais outros poderiam acarretar a perda do lote urbano ou rural).
Com o tempo, houve uma (re) funcionalização do quadro econômico e socioespacial da região.
Escolas e igrejas se edificaram, desde a abertura dos primeiros clarões na mata fechada. A um só tempo, abriam-se as mentes, nutrindo a fome de desenvolvimento e sede do saber.
A fonte, certamente, brotou do carisma e espírito evoluído do Grande Líder Fundador da CANG.
Dela nasceu CERES, nome por ele escolhido. Numa feliz escolha.
A Marcha para o Oeste teve seu ponto alto na construção da BR-153, a Transbrasiliana, a Belém/Brasília.
Foi onde o peso de gigantesca "árvore tombando esmagou o crânio do grande pioneiro, roubando à Pátria uma das vidas mais preciosas".

"Assassinado" pela mata que abria, o grande Herói se foi, em pleno labor e dinamismo, irmanado aos operários.
Foi em janeiro de 1959, em Açailândia/MA.
"Derrubaram, nesse dia, o último jatobá"..como se expressa a filha Léa (em depoimentos à obra " EU VI CERES NASCER " [A Saga do Bandeirante Bernardo Sayão, de Benedito da Silva Aranha, 2001] ou os Irmãos Friedman:
"A floresta arrebata-nos o carvalho"...
"O Herói do Cerrado".

O LIONS CLUBE DE CERES

Absalão de Carvalho, empresário, com os demais padrinhos
anapolinos e o apoio incondicional de trinta e dois casais
fundadores (inclusive Antônio Jamil Saeghe/Ana Luiza) trouxe,
para a comunidade, um clube de serviços, o Lions Clube de
Ceres, Distrito LB- 2, verdadeiramente humanitário.
Seu primeiro Governador foi Mário Grande Pousa. Hoje, o novo
Governador é Dr. Paulo Omar da Silva.
A primeira Presidência coube ao Dr. Odyberto Eduardo Foz
Monicci.
Robson Ferreira de Sousa, empresário, é o atual.
Já celebrou Meio Século de Vida, em meio a grande festividade.
CERES enfrentou lamaçal em sua terra pegajosa.
Enfrentou poeira a poluir céus e chão, roupas, calçados,
calçadas, sem solução.
"Asfalto com palha de arroz".
Para o povo paciente e resistente,
Tudo passou.
Hoje é uma bela cidade,
Avenidas e ruas urbanizadas,
Praças ajardinadas,
Decoração estonteante.
Mansões, edifícios, Bancos oficiais e privados, carrões e mais
carrões.
Clube recreativo, academias e muito mais.
Vale o VALE DO SÃO PATRÍCIO.

CERES ONTEM E HOJE

Desmembrada do Município de Goiás,
Ceres emancipou-se em 1953.
Ganhou registro de nascimento.
Não se endeusou. Já nasceu Deusa.
Cresceu em cultura, riqueza, dignidade.
Seus representantes, nos Três Poderes,
Sempre muito respeitados.
Seu primeiro Chefe do Executivo foi Dr. Domingos Mendes da Silva e o atual, Administrador Rafael Dias Melo (2020).
Da terceira geração de políticos da Família Melo.
Do Ministério Público do Estado, vêm à lembrança os ilustrados Promotores de Justiça Gilson Carvalho e Camilo Alves do Nascimento, da década de 60.
No Legislativo, além da esfera municipal,
projetaram-se os nomes dos Deputados Estaduais Domingos Mendes da Silva, Bianor Barbosa, Carlos Mendes, Walter Melo e esposa, Vanda Melo, dentre outros, que muito honraram a Deusa dos Cereais.
No Judiciário, os valorosos Juízes de Direito Djalma Tavares de Gouveia, João Batista de Faria Filho, Byron Seabra Guimarães, Mauro Campos, João de Almeida Branco, Roldão de Oliveira Carvalho, Juraci Costa, Orloff Neves Rocha (todos ascenderam ao cargo de Desembargador).
Em destaque, o Juiz de Direito Odenir Guimarães, mártir da Justiça, que dá nome ao Complexo Prisional situado na Grande Goiânia.

Destaco tratar-se, aqui, de algumas reminiscências... Alentadas por pesquisa na Internet, no livro EU VI CERES NASCER, A Saga do bandeirante Bernardo Sayão(Benedito Aranha),fotos da época e de hoje.

CERES / RIALMA / EVOLUÇÃO

Economia diversificada,
Comércio, pecuária.
Agricultura mecanizada, serviços públicos e privados.
Escritórios e grandes empresas.
Ruas e rodovias pavimentadas.
Tecnologia avançada. Mundo virtual.
Excelentes hotéis e gente hospitaleira.
Acolhe, com igual solicitude, conterrâneo e estrangeiro.
No "status" de Cidade Polo, Ceres disponibiliza serviços
públicos e rede de proteção social.
Conta com grande e bem equipada rede hospitalar, servida por
muitos Filhos da terra. Proporcionalmente à população, Ceres é
o município brasileiro com o maior número de médicos.
Otimiza a solução de problemas de natureza jurídica, de saúde,
econômica e de toda natureza.
Conta com todos os meios de comunicação.
Rádios, jornais, revistas. Imprensa escrita, falada, televisiva.
Destaque para os jornalistas pioneiros, João Batista Alves Filho
e Waldir Marques Costa, fundador e editor do Jornal do Vale -
1975.
Nairlene Ortega e sua clássica e sempre aguardada CLASSE A,
de grande circulação.
Tudo expandiu e sonorizou, de vez, o VALE, com a torre de
transmissão de inúmeros canais de TV.
Banhada pelo Rio das Almas,

Separando as siamesas,
De um mesmo solo e grandeza:
CERES e RIALMA, "irmãs pujantes".
Ligadas por duas pontes,
Formando conurbação.
A pulsar, um só coração.

O ESPÍRITO UNIVERSITÁRIO EM CERES

CERES - Deusa da Agricultura - cresceu em todas as áreas.

Fortaleceu-se no espírito universitário, idealizado pelo inesquecível Professor Dr. Olímpio Ferreira Sobrinho.

O amado eterno Diretor da Faculdade de Direito de Anápolis – FADA.

Sua extensão, aí plantada (im) em 1969, gerou centenas de bacharéis, de que nasceram Advogados, Professores Universitários, Magistrados, Delegados, Promotores de Justiça, agentes sociais de valor em outros ramos e carreiras.

Sobreveio a UniEvangélica, em Anápolis, de que hoje é Reitor Sua Magnificência Carlos Hassel Mendes da Silva. Filho de Ceres.

A Deusa dos Cereais conta, há muitas décadas, com estabelecimentos educacionais, de berçário a Faculdades.

Em terra fértil, caiu a semente.

Plantada foi com o esmero e entusiasmo de desbravadores/pioneiros.

Do século passado.

Deles, vieram os gigantes do presente.

<u>CERES, UMA SAUDADE</u>

A sexagenária jovem Ceres não passa de uma adolescente.
Em crescimento crescente. Vibrante. Tem lua cheia. Não tem
minguante.
Povo culto, solidário, trabalhador.
Beleza e jovialidade, tem vida, não tem idade.
Coberta de flores, palmeiras e arbustos multicores.
À margem direita do Rio das Almas,
Ergue-se em corpo e espírito.
Altaneira, tem luz própria de sua estrela.
E também da CHESP.
Seus jardins e floração exuberantes,
Do ipê-amarelo às verdes folhagens... O puro encantamento.

Os morrinhos da nostalgia,
Em noite enluarada,
Ouvem serestas da madrugada.
São Patrício e o Cristo Redentor,
Aí quietos, de braços abertos,
Acolhendo com amor.
A Deusa, não mais que de repente,
De roxo e lilás se veste.
Recordações e saudades
Não resistem a seu teste.
Aos borbotões, lágrimas se derramam nos corações.

TOMBAMENTO HISTÓRICO E EMOCIONAL

Esse casarão me conhece.
Nele entrei adolescente. Discente.
Saí jovem. Docente.
Amava ser professora e,
principalmente, ser A Professora.
De crianças que me amavam.
Adolescentes resistentes.
Adultos, jovens, infantes, nos ginásios e bancos de grupo
escolar, exame de admissão, colégios, escolinhas, supletivo.

Compenetrada a ler, mais uma vez, o discurso de oradora.
A turma do Magistério era uma novela: ELAS POR ELAS.
O casarão recebeu um banho de tinta. Ficou tão limpo. Tão
bonito.
Quiseram fazer entulho de sua história.
A demolição alcançou-lhe umas partezinhas.
Não afetou a edificação
propriamente dita. Contudo, gerou grande protesto e indignação
da comunidade. Revolta.
O temor era vê-lo jogado por terra.
Demolição da Cultura e da História.

O projeto de demolição, este, sim, caiu por terra.
O amor nutrido por ele, dos ceresinos de nascimento e por
adoção, falou tão alto e tão vibrante, que foi ouvido além do

Vale do São Patrício.

Muito além. Gritos de seus filhos ecoaram mundo afora.

Vozes em estação de rádio.

Mensagens no TODOS PELO CIC.

Imagens televisivas. Orações.

Depois... Houve lágrimas de júbilo.

Regozijo.

A voz do povo, a voz dos Filhos do Imaculada foi ouvida. As preces, atendidas.

Ceres recebeu, festiva e emocionada, o DECRETO de TOMBAMENTO do COMPLEXO IMACULADA CONCEIÇÃO.

O amado Colégio escreveu e escreve a história inteira de cada um de nós.

Não deixa nada ser deletado. Não aceita a demolição de nenhum pedacinho dela.

Fisicamente, esse edifício nunca envergou.

O Patrimônio Imaterial, por sua vez, ganhou um sentimento de grandeza maior.

Para a posteridade.

Pela mão humana, jamais será demolido.

Sua memória é indelével em nossos corações.

O Casarão continua em pé.

2. NA CARREIRA JURÍDICA

O DIA DA JUSTIÇA E DA IMACULADA

Oito de Dezembro, DIA DA JUSTIÇA.
Por quê?
Nesse dia, a Igreja Católica celebra o Dia da Imaculada
Conceição.
Diz a Bíblia que Maria ouviu a mensagem do Anjo Gabriel,
anunciando a escolhida Mãe do Salvador.
Mesmo sem compreender aquele mistério, respondeu, sem
titubear:
"Eis aqui a serva do Senhor. Faça-se em mim segundo a sua
palavra".
Moças e mais moças de classes nobres, da realeza, almejavam a
maternidade daquele que viria para reinar. Sonhavam e
suspiravam, cheias de orgulho e vaidade. Os poderosos temiam
a realização das profecias.
Agraciada foi a humilde Maria e o REI
chorou, pela primeira vez, no berço manjedoura.
Maria agiu racional e não sentimentalmente.
Nesta sua atitude, encontra-se a razão do Dia da Justiça, com
referência a ela desde 1940 e instituído por decreto, em 1951, no
Brasil.
O racional há de se sobrepor ao emocional. Sem maiores
questionamentos. Imparcialidade. Sem ímpetos de falsa
modéstia. Aceitação da vontade Superior.
Na Terra, princípios e normas da Constituição.

Ela interpretou a vontade do Senhor e teve discernimento e humildade.
Assim para a Lei, assim para o Juiz.

O FÁTICO E O JURÍDICO

A vida, a liberdade, o patrimônio material e imaterial, integridade física e psicológica; tráfico de drogas e de pessoas, descaminho, violência e violação de corpos e correspondência; atentados a mão armada ou não, à dignidade da JUSTIÇA, a seres vivos, humanos, irracionais, vegetais...
Habeas corpus e habeas data, mandado de segurança, declaratória de tempo de serviço, reajuste de aposentadoria, moeda falsa, corrupção, contrabando de cigarros e indenizatórias de morte por tabagismo, reparação de danos morais pelo suicídio de um "suicidado", sob custódia do Estado...
Tudo vem às mãos do Juiz.
Constituição, códigos, leis complementares, leis especiais e ordinárias não conseguem definir todos os tipos penais nem todos os direitos dos iguais.
A sociedade criminosa está sempre à frente, criando novo "modus operandi", surpreendente, não tipificado, desafiando a lei vigente.
A dinâmica dos Comandos de Cor e de Capital rompem solitárias, presídios federais, barreiras, trincheiras...
Arrombam portas e porteiras, explodem caixas eletrônicos, roubam, matam, destroem.
Preferem a "segurança máxima", onde se sentem sob máxima segurança.
Fala-se em celulares bloqueados e a comunicação parece sempre aberta.
Mundo fático. Mundo jurídico.
Vida tumultuada, conflitante.
Contrastes e contradições.

Guerra do materialismo. Ceticismo.

Ambição, luxúria, anseios frustrados.

Assassinatos por barras de córrego, de ouro ou de saia.

A luta pelo Direito. A Justiça que se busca incessante e incansavelmente.

Cada parte traz suas razões, às vezes, um motivo aí entrelaçado, fundamento meramente emocional.

E ali, em seu gabinete (que não precisava ser pomposo), o juiz, um ser que houvera de ser muito humano, quer trabalhar mais seu lado racional, meios técnico-jurídicos e um pouco de bom senso.

Deixe-se o hemisfério sentimental em segundo plano.

Não há de ser alicerce para julgamentos.

A vida palpitante, arrepios e calafrios não podem transparecer diante da pretensão justa, sem amparo legal.

Nem se diga que o Direito seja iníquo, porém, "Nem tudo que é justo é lícito".

Mister se faz traçar limites entre o ético e o jurídico, sem limitá-los, desde que têm o mesmo substrato.

A JUÍZA ORA!

SENHOR JUIZ DOS JUÍZES, dá-me a graça da imparcialidade, sem me tornar fria e calculista. Que eu saiba aplicar a lei que não edito, fazê-la cumprir, ainda que precise usar a força, mas sem crueldade e ofensa à dignidade humana.
E mais: sem ferir os princípios eternos de Justiça e Equidade, insculpidos na Lei Maior.

Que eu seja apenas Juiz, autoridade
constituída, sem me sentir maior que os títulos a mim, eventual ou legítima e honrosamente concedidos.
Senhor, que eu julgue com a reta aplicação do direito à causa, sendo imparcial e independente, sem genuflectir-me ante as dores dos miseráveis nem ante a opulência e a tirania.
Que sentimentos relegados não me tornem incrédula na humanidade nem indiferente ao sofrer cotidiano. Equilíbrio e sabedoria.
É o quanto te peço, ó SUPREMO JUIZ,
nesse DIA DA JUSTIÇA.

<u>NÃO SEJA POR ISSO</u>

A moça entra em minha sala, sem bater.
Completamente transtornada, histérica.
-Estou ojerizada por sua crítica ao meu trabalho.
Enraivecida. Furiosa. Por AQUI!
Esbravejou. Subiu o tom.
- A vontade é de rasgar o papel riscado, apontando erros e jogá-lo em sua cara, disse aos gritos. Exaltada. Arrogante!
-Quero uma explicação sua, responsável pelo estágio.
Ouvi-a, impassível.
Ficou mais nervosa. Brava. Uma fera irreconhecível na aparente meiguice.
-Tem mais alguma coisa a questionar?
-NÃO!!!
Foi aí que a olhei, firmemente, e disse:
Fui Professora de Português, mas era remunerada e bem aceita.
Hoje, não estou a criticar seu trabalho, e sim, tentando melhorá-lo. Somente apontei os erros de concordância verbal e nominal, dentre outros, que encontrei. Fora os de natureza jurídica.
Na vida profissional, aparecerão, decerto, os críticos destrutivos, concorrentes, dilapidadores, com o dedo em riste para enfrentá-la.
Não haverá correções, mas quem ria de você.
Boa sorte.
Bateu a porta e saiu.
Não tive isenção de ânimo para avaliá-la. Passei a tarefa ao substituto.
Hoje, após muitas décadas, volta para agradecer-me e pedir

desculpas pela impulsividade e irreverência da remota e imprevisível reação.

- Não seja por isso. A vida é um grande mestre e nada cobra.

A gratidão é bem-vinda.

Abracei-a. As lágrimas não nos perdoaram.

<u>POR QUE FIZ DIREITO</u>

Seis anos após concluir o colegial, sem grana pra estudar fora, eis que, senão quando, abre-se extensão da Faculdade de Direito de Anápolis - FADA - em frente à nossa casa, em Ceres. Por obra e graça do saudoso eterno diretor da FADA, Dr. Olímpio Ferreira Sobrinho, Ceres chegava ao nível superior.

A essas alturas, não deu outra: minha irmã Carmelita e eu, aprovadas no vestibular, atravessamos a rua e começamos o curso. Concluído em 1973.

O que conquistamos, representa uma vitória para a família. As moças, fomos os primeiros bacharéis dos LIMA em Goiás (de nosso conhecimento).

Abraçou o Direito, pouco depois, Ana Luíza. A filha Sara Saeghe cresceu e se formou, creio que em 1990. A neta Amanda é da 3ª geração de bacharéis. Esta, pela ESUP/Goiânia. Também da 2ª geração, Milena, herdeira da vocação da mãezinha Carmelita.

Nossas filhas Paula Fabricia e Ana Clara compuseram, igualmente, a 2ª geração, pela PUC/GO.

Ainda: Elder Lincoln e Helen Niceia (filhos de Sebastião Sinésio); os netos Felipe e Natália.

Alexandre e Aurélio Henrique (Lázaro Sinésio); Cláudia e Adriano (Antenor Sinésio).

O espírito jurídico impregnou-nos a mente e a alma.

Cada um escrevendo sua história, na carreira do Direito e da Justiça.

Eis um pouco de nossa vida em família... jurídica.

A TCHURMA DA LEI!

UMA CANETA DE OURO

Minha vida foi sempre cheia de lápis, canetas e esferográficas.
Canetas de marcas famosas e caras vieram às minhas mãos, sem fama nem tostão.
Com elas, escrevi certo e errado, assim o fazendo até hoje. Na grafia ou nas ideias, o que é pior.
Algumas, presentes de amigos, conservo-as em suas caixinhas, forradas de seda e carinho.
- Não é, colega Marluce Gomes de Sá?☹
Outra, em puro ouro e personalizada, guardo-a no coração...
Honrosamente, recebi-a das mãos do fundador e primeiro Diretor da Faculdade de Direito de Anápolis – FADA - Dr. Olímpio Ferreira Sobrinho, Professor que tanto amou a Instituição Universitária e os acadêmicos.
Agraciava-me pelo 1º lugar no vestibular da 2ª Turma.
Da benevolência e deferência do Pastor Abimael Costa Araújo, 1o. Diretor da extensão da FADA, e dos colegas ceresinos, fui homenageada com a raridade Poetas Românticos Brasileiros, 3 volumes, em luxuosa encadernação.
Não merecia louvação tamanha.
Reconheço, agradecendo, presentes de imensurável valor cultural e estimativo.
Com a Caneta de Ouro, assinei o sonhado Diploma de Bacharela em Direito.
Dr. Olímpio poderia dizer, lembrando o grande Gonçalves Dias:
- Meninos, eu vi!
Passado um ano da colação de grau, fiz voto de doar, a uma instituição filantrópica, o bem por que tivesse a maior estima.
Era ela.

A consciência falou bem alto.
Assim, a amada caneta seguiu um novo tinteiro. Passou a outras mãos.
Da FADA, nos idos de 1973, saímos Carmelita e eu, "as brancas", assim carinhosamente chamadas por alguém, que veio a ser muito especial em minha vida: meu esposo.
Desde anos antes, éramos servidoras do Estado. Para dar os primeiros passos na Carreira Jurídica, aí é outra história...
A irmãzinha, companheira de todas as horas, partiu antes do tempo combinado, em 2016. Do futuro, nada sabemos.
Por tudo, por todos e pela Vida, obrigada, SENHOR.

SENTENÇA AOS BERROS

É fato que o MM. Juiz de Direito deu uma sentença verbal.

Um bezerro de raça, com poucos dias de nascido, desapareceu da fazenda.

A mãe ficou tristonha e o dono, inconformado, começou a andar a pé e a cavalo, pelas redondezas.

Certa manhã, reconheceu o filhote, no meio de uma bezerrada. Estava noutra fazenda, nas proximidades.

Abordou o vizinho que, de pés juntos, jurou que o bezerrinho era de sua propriedade.

Decidiu, então, levar sua versão ao Juiz da Comarca.

O MM., nascido e criado na roça, resolveu pôr em prática uma teoria não ensinada nos bancos da Universidade.

Seguiu com o dito dono do bezerro e a vaca mãe lá pra outra fazenda.

Os dois subiram na cerca do curral, juntamente com o confrontante e ficaram ali, quietos, quietos.

A vaca berrou. O bezerrinho, no meio de uns cem, berrou de lá.

Outro berro da vaca e mais outro e a cria respondendo.

O MM. Juiz subiu para o último lance da cerca e ditou a sentença, aos berros:

- Em nome da Lei e da Justiça, declaro que esta vaca é a mãe do bezerro sumido. DNA bovino confirmado.

E bateu o martelo.

<u>NÃO LEVO NADA, MM. JUIZ!</u>
Comarca da Vida

Sei que vou embora, a qualquer hora, inda mais agora, em meio
à pandemia que recrudesce.
Mas quero um tempinho, só um tempinho:
vou propor uma ação de despejo dos problemas e pedir liminar,
para desocupação imediata do meu coração.
Preciso dele inteiro, para uso próprio.
Sem óbices intransponíveis.
Sei que, ao final do processo Vida, nada levarei para o arquivo.
Especial mercê. Deferimento.

      Orlanda Luiza
        OAB/GO

ENTERNECENTE SURPRESA

Estava despreocupada, em casa, envolvida com os quefazeres, quando chegou uma visita: minha cunhada Maria Lourdes, então Juíza de Direito, a amiga Psicóloga, que eu não conhecia, e seu pai, bem idoso, que vi uma única vez antes, numa audiência de instrução e julgamento. Anos 80. Justiça Federal.
Seu pedido era de dupla aposentadoria. Ex-ferroviário.
Sentenciei, favoravelmente a ele, contrariando a jurisprudência da época.
Sentença confirmada.
Nem me lembrava mais.
Aquele senhor inclinou-se à minha frente e disse, parafraseando o profeta Simeão:
"Agora, já posso morrer." Conheci quem me fez justiça!
Prata era seu sobrenome. O reconhecimento fê-lo Ouro.
Nunca mais o vi. Surpreendeu-me seu gesto.
Já deve ter passado à eternidade.
Justiça não se agradece, mas a gratidão e a simplicidade emocionam.

DE APOSENTADORIA

Pois é. Aposentei-me.

Precocemente. Hoje, só aos 62, com o benefício do INSS/aposentadoria complementar.

Saí aos 47, por tempo de serviço, proventos integrais. Agora, subsídio.

O decreto foi do então Presidente da República José Sarney.

A "efêmera" se desorientou.

Estava despreparada para o ócio.

Procurei e achei logo o que fazer e não parei mais. Sempre na área jurídica: assessoria, consultoria, advocacia(até rimou!).

Após mais de três décadas, diminuí o ritmo. Em vez de salto com vara, fui para a marcha atlética, Pilates, caminhada de 100 m. Deixei a correria de fóruns e tribunais e passei à internet.

A vida concedeu-me várias condecorações.

O ouro veio em um quadro de Mãe do Ano, pela primogênita, um poema e a música Iolanda, cantada ao violão pela caçula.

Eternamente Iolanda.

Todas as medalhas, colares, diplomas e menções honrosas que recebi ao longo da vida, guardo-os numa estante e no coração.

O trabalho rejuvenesce, traz serenidade e aprendizado contínuo.

Amigos e adversários.

Espinhos, mas também flores e frutos.

Muitos pensassem, talvez, que eu já houvesse morrido, quando renasci e publiquei meu primeiro livro, PROSA E VERSOS CONTROVERSOS.

A vida não para e você tem de estar na ativa, sempre.
Aposentadoria passa a mera formalidade.
A luta não tem fim. Nem a vida poetizada.

A SOLENIDADE

O momento era solene, deveras solene.

A homenageada, presente, no Tribunal Regional Federal da 1a Região/Brasília. Em 1994.

O enorme salão, ornamentado, esparzia perfume e ares de cerimônia ímpar.

Flores nobres recobriam a mesa de honra. Em plenário.

Bandeiras hasteadas. Togas.

Tantas autoridades compareceram ao evento.

Estrelas de primeira grandeza.

Fui conduzida à Mesa pela então Desembargadora Federal Assusete Magalhães, que hoje compõe o STJ.

O Hino Nacional soou empolgante. Mão no peito. Coração acelerado.

Ouvi três discursos laudatórios: saudação do colega Nélson Gomes da Silva, dos representantes do MPF, Procurador Regional Federal Washington Bolívar de Brito Júnior, e da OAB/DF, Dr. Geraldo Gross.

Atribuíram-me virtudes e predicativos de que não sou dotada. Elogiosas referências. Pura generosidade.

Emocionada, não consegui, entretanto, responder sobre títulos a que se referiram e que não integravam meu currículo.

Dentre outros, teria sido o 1º lugar no concurso de ingresso no Ministério Público de Goiás. Fui o 4º lugar, um privilégio, para uma recém-formada.

Era meu segundo concurso na área jurídica. Não cheguei a

assumir o cargo de Inspetor do Trabalho.

Também, fui honrada como ex-grande Professora de Português. Seria?

Na Magistratura, realçaram as conquistas alcançadas, mercê de tantos quantos contribuíram para atingi-las, reconheço.

Os doutos oradores enfatizavam minha "passagem" pela Corte. Efemeridade dando as cartas. Estavam com a razão, não obstante me entristecessem.

Intitularam-me, por outro lado, Mulher Sim, positiva, abençoada, forte, transpositora de obstáculos; canto de coã, a repercutir os sons do trabalho realizado e, também, de ter luz própria e irradiá-la por sobre outros.

Realmente, fui muito enaltecida. Não merecia tamanha expressão de nobreza.

Marcaram-me as exaltações a que, igualmente, não fazia jus e o realce do efêmero.

Apesar disso, não quis expor, de público, as razões e motivos de uma aposentadoria precoce. Poupei a alguns e a mim mesma.

O saudoso Desembargador Federal Euclides dos Reis Aguiar, representando a Corte Regional, em seu primeiro aniversário de instalação, já houvera mencionado as dificuldades por todos enfrentadas, lembrando "um inferno".

Basta de digressões. É passado. Rememórias.

Tomei, afinal, a palavra, para os agradecimentos.

Despedi-me, extasiada.

Há muito, acho, contudo, que proferi um discurso meio aleatório, meio contemplativo, pois, melhor seria estar, ainda,

como um de seus membros, no exercício pleno da jurisdição.
Saí das páginas escritas, algumas vezes, tentando passar o que, efetivamente, sentia e queria demonstrar, naquela oportunidade única.

Valeu pela gratidão que pude externar a todos, pela imerecida homenagem, ressalto, e por rever meus pares e tantas insignes figuras do universo jurídico; por estarem, ali, amados familiares, especialmente meu pai, que já contava 83 anos, os servidores do Tribunal, os amigos de todos os tempos.

Destaco os Exmos. Ministros do STF, Aldir Passarinho, e do STJ, José de Jesus Filho; representantes do TJGO, Desembargador Jalles Ferreira da Costa, e do TRE/GO, seu então Presidente, depois, Ministro Castro Filho, do STJ.

Destaco, outrossim, a presença da Desembargadora Federal/SP, Elvira Palumbo, que foi até lá, especialmente, para me conhecer e me prestigiar, bem como dos amigos Juízes Federais de Goiás e Distrito Federal.

Abro um parêntese, para falar de nossa caçula, que, aos quatro anos, foi, também, aplaudir-me. Decerto, pouco entendera, em meio a tanta cerimônia e formalidade. Nascera, praticamente, ao mesmo tempo que o Tribunal.

Tenho, comigo, cópias de todos os discursos proferidos no memorável evento. Guardo-as, com muito carinho, ciosa de seu valor.

Reafirmo, com sentimentos complexos e intrincados, misto de orgulho, humildade e gratidão, que, ao ensejo, fui condecorada com a medalha, o *botton* e o Colar do Mérito Judiciário Ministro

Nélson Hungria, pelas mãos do Presidente, à época, Desembargador Federal Hermenito Dourado. Eram seus últimos dias na ativa.

Agora, vêm as saudades e um certo inconformismo, digamos, irresignação, por deixar, tão cedo, a judicatura, mas a mente traz-me o versículo de um salmo:

"Tudo é vaidade, nada mais que vaidade"...

Pela honraria da homenagem, pelo calor das emoções, naquela tarde esplendorosa, só me resta dar graças a Deus.

"Tudo tem seu tempo certo"...

Tim-tim! Tim-tim!

3. DA MOEDA

3.1. UM LADO DA MOEDA

A EFÍGIE

O mundo transformou-se num gigante. Descomunal...
el.
Seres humanos desumanos. Subumanos. Humanoides.
Radicais. Irracionais. Islamitas e tantos istas. Menos estadistas.
Criminosos de todo gênero, número e grau.
Não há qualificadoras, majorantes nem agravantes que se
enquadrem nos diversos tipos e circunstâncias infracionais.
Torpeza, armas químicas, tortura. Ameaça de males graves e
iminentes.
Vingança. Futilidade.
Acerto de contas. Queima de arquivo.
Asfixia mecânica e psicológica. Megalomania. Intolerância.
Magia negra. Paixão assassina.
O incompreensível universo da EFÍGIE.

AS APARÊNCIAS

Egoísmo, banditismo, ateísmo, ceticismo.
Matança, execução, carnificina. Esmagamento. Homicídio,
infanticídio. Feminicídio. Suicídio. Genocídio.
Chacina. Massacre. Execução. Incêndio. Rompimento de
barragem.
Acidente aéreo. Acidente radiológico.
Epidemia. Pandemia.
Floricídio. Desmatamento.
Tráfico de drogas e de pessoas.
De madeiras de lei, pelos
sem lei.
Faunicídio. Naturicídio.
Fagocitar. Destruir. Exterminar.
Decompor e não recompor.
Desconstruir. Desativar.
Quebrar ossos, protocolos e tratados.
Egocentrismo. Individualismo, racismo e tantos ismos, íssimos e
érrimos...
Acérrimos. Vulnerabilíssimos.
Imperecíveis, imbatíveis e inexplicáveis.
Tudo na CARA da moeda!
As aparências.

A INSEGURANÇA

Empoderamento de milícias. Organizações paraestatais
sofisticadas.
Bem conectadas ao submundo.
Rebelião, inundações, maledicência.
Metralhadoras e canhões.
Algemas e tornozeleiras. Trapaça.
Câmeras de segurança. Insegurança.
Luta do poder pelo Poder.
Notícias falsas e verdadeiras. Chocantes, alarmantes e
deprimentes.
Educação precária, saúde em coma.
Grades nas casas e presidiários a sair. Pelo portal de entrada.
Penitenciárias de segurança máxima para conter "as feras".
Ruas desertas de caminhantes...
Economia em decadência.
Politiquice. Populismo. Ditadura.
Refugiados. Exílio e asilo político.. Imigrantes rejeitados.
Emigrantes sem destino. Fronteiras fechadas por decretos.
O mundo freado pela desgraça da Covid-19, que se alastra e
viraliza.
É a efígie universal, hoje.

<u>A PANDEMIA</u>

Normas, bons costumes, princípios éticos sem perenidade.
Probidade. Decência. Justiça. "Liberdade, igualdade,
fraternidade"? Nem pensar.
Resiliência. Perdão. Bom senso.
Reconstrução. Dó. Concórdia.
Virtudes de um passado remoto.
Tudo já é relativo.
Dissolve-se nas brumas da inconsciência. Na borrasca da
maldade. Desmancha-se no obscurantismo.
Esconde-se nas trevas da ganância.
Cai no poço da corrupção.
Entra no olho de furacão do poderio político-econômico.
Irrompe no tufão da indignidade.
Vírus revira o mundo. Vira pandemia.
Que CARA é essa?

<u>TRAGÉDIAS</u>

Áreas verdejantes e floridas a ocultar corpos mutilados.
Estupros de seres humanos, florestas e rios. Também do
patrimônio cultural da humanidade, aqui e alhures.
Rombo da Previdência e da essência do ser.
Malas com reais milhões da corrupção e outras, com o peso de
corpos esquartejados.

Terremotos, tsunamis, deslizamento de terras. Desabamento de
pontes e edifícios. Incêndios. Maremoto.
Enchentes a inundar e águas correntes que se cansam de correr.
E secam.
Aridez, áreas desérticas. Cisternas.
Natureza em fúria. Vendavais e tormentas.
Granizo no chão e na alma.
Sempre a efígie.

A CARA DA MOEDA

Fome. Estômago e mente vazios.
Frio. Aquecimento global.
Globalização do mal. Pandemia.
Estatísticas e hipocrisia.
Loucura sem cura. Nudez. Insensatez. Depressão. Desemprego.
Subemprego. Trabalho escravo. Recessão.
Desamor. Medo. Apego aos bens materiais.
Governo e desgoverno.
Desordem. Retrocesso.
Preconceitos e rejeitos. Desesperança.
Armas de fogo. Armas brancas, coloridas e sem cor.
Manipulação da opinião pública. Falsidade material e
ideológica...
Acidentes naturais. Pessoas desalojadas e ao desabrigo.
E soterradas.
Tragédias no trânsito: mar, terra e céus. Mortes. Arrebatamento.
Males físicos e espirituais sem cura.
Armas químicas. Demônios em altares.
A CARA da moeda.

3.2. CARA E COROA

A MOEDA – CARA E COROA

O mundo transformou-se, mesmo, num gigante. Descomunal….
Seres humanos desumanos.
Decadência político-econômica e moral.
Presídios superlotados. Ruas vazias.
Relativização. Ceticismo. Ganância.
Quebra de ossos, protocolos e tratados.
Crime hediondo. Pandemia. Globalização do mal.
Granizo no chão e na alma.
Esse é um lado da moeda. O da efígie, a Cara.
O outro, a Coroa. Que venha, sem tardança. Que traga a
revalorização do Valor da VIDA.
E o mundo, enquanto for mundo, vire a moeda para o outro lado.
Ponha de lado a EFÍGIE.
O VALOR, contudo, em caixa alta.
O relevo, exaltação aos VALORES DA VIDA.
Vida que renasça, cresça e frutifique.
Vida Árvore, a produzir frutos de paz, fé, honradez. Sonhos.
Vida que gere uma sociedade livre, justa, solidária.

4 – RELEMBRANÇAS DE UMA TRAGÉDIA

CÉSIO-137 – SUCATA E CASAMATA

Tão subjetivas são as lembranças.

Marcantes e inolvidáveis se tornam, porém, quando passam por seus olhos, suas mãos, sua alma.

No silêncio da noite, tudo deserto, catadores de recicláveis e sucatas entraram numa casa abandonada, talvez pensando em achar algo de seu interesse.

Aquela casa, aparentemente inofensiva, abrigava uma casamata, contendo equipamento de radioterapia, cujo interior guardava uma cápsula cilíndrica com 19 g de Césio-137.

O material, altamente radioativo, usado em hospitais, no tratamento de câncer, estava ali, encapsulado em chumbo. Esquecido lá.

No prédio, só havia escombros. Sem portas e janelas. Em meio a matagal.

Os infelizes catadores Roberto Santos Alves e Wagner Mota Pereira retiraram dali o cabeçote, para vender seu chumbo e metais outros. Pensaram tratar-se de sucata.

Continha a pequena cápsula, mortal, se violada.

Não sabiam levar a pesada morte, num carrinho de pedreiro (!!!).

Após cinco dias com ele em casa, venderam-no a Devair Alves Ferreira, dono de um ferro-velho, na região central de Goiânia/GO/BR.

Aí, a cápsula foi aberta.

A tragédia, lançada a céu aberto.

No local, foi construído, mais tarde, o Centro de Convenções de Goiânia.

LEIDE DAS NEVES / SÍMBOLO

Cabeçote e cápsula contendo o Césio-137 foram abertos a golpes de marreta.

Eram de chumbo e metais outros.

No escuro, a substância, uma vez friccionada, emitia raios azuis encantadores.

E foi assim maravilhado que Devair, proprietário do malsinado ferro velho, deu porções do pó brilhante ao irmão Ivo. Este, levou para casa a fascinante substância.

Distribuiu-a entre familiares e amigos e vendeu partes da carcaça a terceiros.

Ivo deu uma porçãozinha para Leide das Neves, sua filha.

A pequena, então com seis anos, brincou e até ingeriu restos do reluzente pó, junto com pedaços de pão.

Morreu dia 23 de outubro do mesmo fatídico ano de 1987.

Segundo a Agência Internacional de Energia Atômica (AIEA), o acidente em Goiânia teria superado Chernobyl, na Ucrânia, pela abrangência da contaminação.

Leide das Neves veio a ser o símbolo do maior acidente radiológico do mundo, fora de usinas nucleares.

Sofrida simbologia. Ícone da morte.

REJEITOS E RADIAÇÃO

Naquele mesmo 23 de outubro de 1987, em que falecera Leide das Neves Ferreira, o Césio-137 levaria a óbito sua tia, Maria Gabriela, moradora no mesmo lote que Devair.

Da contaminação direta, consoante dados oficiais, morreram quatro pessoas (duas delas, jovens funcionários do ferro-velho).

Foram sepultadas em cemitério comum, em caixões de 500 kg (chumbo), túmulos em mármore e concretados. Mesmo assim, sob veementes protestos da multidão, que gritava e atirava pedras.

Das estatísticas, constam estas primeiras mortes, mais de cinquenta graves contaminações e mais de mil e cem pessoas afetadas.

Não foram incluídos aí quatrocentos servidores de autarquia estadual Instituto de Assistência aos Servidores do Estado de Goiás - IPASGO -, cento e vinte de empresa nacional de construção e muitos braçais avulsos, garis, motoristas, todos desprovidos de equipamento adequado para a operação descontaminação.

Ignorava-se a gravidade da situação, extensão e intensidade do perigo.

Do desditoso trabalho participaram, também, cerca de 700 funcionários da Companhia Nacional de Energia Nuclear – CNEN.

Os 19 g do pozinho renderam, aproximadamente, 6.000 (seis mil) toneladas de lixo radioativo, depositado em caixas de 1(um) m2 para 1000 litros, 1 (um) contêiner marítimo e tambores metálicos de 200 litros.

O lixo deve ficar cerca de 180 anos no depósito dos rejeitos. A área, de 32 alqueires, situa-se às margens da BR-060, onde se construiu o Centro Regional de Ciências Nucleares do Centro-Oeste - CRCN – CO.
A radiação só vai acabar, conforme cálculos, após 275 anos.
Em síntese, os fatos, que geraram pânico e indizível sofrimento.
Preconceito.
Discriminação na vida e na morte.
Vidas que se foram, em pagamento de pecados que não cometeram.
Sinais marcantes no corpo e na mente.
Vítimas não fatais a vegetar, na inclemência, ao léu da sorte.

O PROCESSO CRIMINAL

Inquérito instaurado pela Polícia Federal, concluído com indiciamento de quatro pessoas, resultou em processo.
A mim coube, por distribuição, o malsinado feito.
Tramitou regularmente.
Pude ver, angustiada e sofrida, as fotos das vítimas.
O colorido vivo trazia as feridas que levariam alguns à morte rápida e outros, a dores e lágrimas prolongadas.
Eram horripilantes. Estarrecedoras.
Fui logo virando as páginas que a História não vira.
Chegou a audiência de inquirição das testemunhas.
Duas delas vieram com as mãos e antebraços em feridas vivas.
Foi a única vez que as vi.
Eram os catadores de papel.
Soube, mais tarde, que um deles tivera um braço amputado.
O processo encerrou-se na Vara Criminal, instalada posteriormente.

<u>RÉUS E VÍTIMAS</u>

O processo criminal, instaurado no Caso Césio-137, tramitou, inicialmente, na 3ª Vara Federal em Goiás.
Aos denunciados, sobreveio condenação, que cumpriram.
Dados estatísticos e a vivência pessoal da realidade mostram, superficialmente, o drama e tragédia do maior acidente radiológico do mundo, fora de usinas nucleares. Em área urbana.
Segundo a AIEA, superou Chernobyl, na Ucrânia, pela abrangência da contaminação.
Lágrimas. Dores. Sepultamentos. Cemitério de lixo.
Condolências às vítimas, que somos todos nós.
Vítimas da miséria, que faz profissionais catadores de recicláveis.
Vitimas da irresponsabilidade de instituições públicas e privadas, que deixam lixo radioativo abandonado.
Lixo radioativo que se mantém à mercê de incautos miseráveis, os excluídos.
O aparelho "esquecido" não tinha mais utilidade? A CNEN fiscalizou?
Os proprietários da Clínica de Radiologia comunicaram a quem de direito?
Todos se omitiram?
E a responsabilidade pela vida do próximo?
O que tira a vida não é só a morte, mas a vida que não se pode viver.
O acidente continua... na precária assistência dispensada aos afetados e no depósito do maligno lixo.

Pensão de alimentos. Governos federal e estadual. Indenizações.
Marcas indeléveis. Sofrimento. Desalento. Preconceito.
Estigmas físicos e mentais.
Chronos. Séculos passarão, até que desapareça a radioatividade
tão bem guardada (!).
Ó Céus! O mundo clama pelo tempo de Deus!

<u>CÉSIO-137 – CONCLUSÃO</u>

Instalou-se, a duras penas, o depósito do lixo radiológico.
A descontaminação foi uma dura batalha. A "embalagem" dos
rejeitos e sua remoção, noite e dia, a envolver, certamente,
outras vítimas. Muitas, até hoje, em busca de reconhecimento do
doloroso status.
A desconfiança rondava.
A vizinhança do centro da radiação sofria. Mudou-se. Voltou.
Gastou o que não tinha.
Providências tardias. Vidas ceifadas.
Herança maldita de dor, radiodermatite, males respiratórios e
cardiovasculares,
síndrome de pânico, depressão, ansiedade extrema e outros
males correlatos ou advindos dos efeitos da radioatividade em
ação. Até de natureza psiquiátrica.
Consequências nefastas ao meio ambiente.
Reflexos maléficos devastadores em múltiplas áreas.
Controvérsia sobre o número de vítimas fatais e de
sobreviventes à tragédia. Incerteza quanto aos afetados física,
emocional e espiritualmente, pelo contato direto ou indireto com
o Césio. Desgaste moral e financeiro.
Dúvida quanto aos verdadeiramente responsáveis pela desgraça.
Os responsabilizados criminalmente foram condenados e
cumpriram as penas a eles impostas. O processo encerrou-se na
5ª Vara Criminal, cujo titular era o Juiz Federal Gílson Barbosa
dos Santos/JF – Seção Judiciária de Goiás.
Outras infrações penais e cíveis foram cometidas.
Crimes contra a saúde pública. Omissão de entes responsáveis
pelo maior acidente da espécie no planeta.

Pesa a deficiência no atendimento aos radioacidentados. Pensão defasada ou negada. Monitoramento constrangedor.
Preconceito na vida e na morte. Os sem pecado atiraram pedras nos caixões de chumbo.
Mortes em vida.
A História tem muito a contar.
O cronos não acompanha a vertiginosa caminhada do Césio-137. Sua dinâmica de irradiação do mal não tem precedentes.
Os possíveis limites de contaminação tem-se que contidos em *contêineres* e congêneres.
Quantas centenas de setembro virão para enterrar o Setembro de 1987?
Morto insepulto. A vagar.

5 – CAMINHADA

5.1 – CARAVANA

CAMINHADA EM CARAVANA

Ela embarca em amplas folhas de vitória-régia, na amplidão
amazônica.
Esquia em campos de neve do esquecimento.
Voa em asas de águia e viaja nas costas ásperas de crocodilos.
Anda descalça, a pé, a cavalo, em balões e aviões.
Aterrissa de salto alto.
Desce ladeira, rampas, cascata.
Dança ao léu do vento e da chuva.
Come poeira. Fica por aqui!!! com alguém.
Lança-se de paraquedas. Leva quedas.
Trava queda de braço. Quebra o braço.
Anda lado a lado com pobres nobres e ricos pobres.
Veste-se de algodão tingido, estampas florais...Uniformes, trajes
de gala, seda pura... Renda francesa, beca, toga.
Não sabe se passa pela vida ou se a vida passa e a ignora.
E, talvez arrependida, repensa e volta.
Entretanto, já é tarde. Está ilhada.
Coração deserto sem oásis. Num dilúvio, sem arca.
Dias cinzentos, noites de pesadelo.
Abraça e é abraçada por amigos urso e amigos da onça.
Bem amada e mal amada.
Brinca de roda e carnavais e esvai-se em ais.
Entra no "cordão", fantasiada de si mesma.
Leviana ou leal, cativante e cativa.
Tudo na caminhada. Em manada, alcateia, enxame. Vexame.

Ensaia voos parada. Sem rumo. Sem prumo. Estática. Cética.
Não há de compor a matilha. Vai deixar a caravana...
Sou eu. Estou descrente.
Vou caminhar em minha própria companhia.

5.2 – NOVA CAMINHADA

<u>A DECISÃO</u>

Decidi. Vou, agora, caminhar comigo mesma.
Já atravessei os umbrais de meu coração fechado.
Desci escadaria. Cheguei à rua.
Conecto-me, agora, aos sons da natureza e aos ruídos urbanos.
Canto o canto vibrante dos "meus pássaros" e ouço frenagens
bruscas.
Prendo-me aos raios do sol.
Aperto o peito da solidão.
Está cheio de vazio.
Seguro-o na mão.
Sinto-o grave e arredio.
Fugiu de mim!
Vi-o partir. Sem receio nem mágoa.
Tornei-me leve. A plenitude em meus anseios. Fui com ele.
Sozinha.

A DÚVIDA

Prossigo a caminhada.
Ando, assim, distraída, descontraída...
Subo e desço ruas e avenidas.
Vou para o campo, levada pelos doces ares da imaginação.
Banho-me em córregos da infância.
Pulo corda. Pulo foguinho!
Jogo "Ordem, seu lugar, sem rir, sem falar, um pé, o outro (...),
queda feita".
Estou com a Bola Toda! E, em balanços amarrados a fortes
galhos de mangueira, com a Corda Toda!
Abraço-me às árvores. Aspiro perfume de flores que os beija-
flores beijam.
Escalo montanhas de relembranças.
Piso em geleiras e sinto o calor de vulcões em erupção. Lavas.
Embrenho-me em matas fechadas, que por um tempo me
cerram.
Atravesso terras áridas e campos verdejantes.
Piso em tapetes de pétalas de rosas e em pântanos nadadouros.
Há encruzilhadas e dúvida, no meio do caminho.

<u>IMATURIDADE</u>

Andei sobre ondas de encantos e, em marés de desencantos,
afoguei-me.
Fiz acrobacias. Sobrevoei. Sobrevivi.
Lugares de beleza inimaginável visitei.
Sorvi as cores do arco-íris e do céu e do mar.
Ri, sorri, dei risadas e gargalhadas.
Chorei. Lamentei. Orei.
Virei adolescente rebelde, revolucionária dentro de mim.
Não queria paradigmas nem estereótipos.
Naveguei e voei em sonhos de amor e resplandeci, talvez, mais
que a estrela Dalva. Simples ilusão de ótica.
Jovem imatura, cheia de arroubos e sensualidade. Um tanto
imediatista. Pressa do futuro, que vem sem pressa... E acelera
para a terceira idade.
Juventude. Nuvem passageira.
Sem lenço. Sem documento.

<u>MEDIOCRIDADE</u>

Amo caminhar em minha própria companhia.
Outros mundos passo a ver e a ver, em meu pequeno mundo, um mundo maior.
Perco o medo de ousar. Posso até ser temerária.
É como se uma voz estranha, de dentro de mim, esteja a guiar meus passos e a desatar laços... Que teimam embaraçar meu caminhar comigo.
Tira pedras em que tropeçaria.
Afasta selvagens que me agrediriam.
Emudece gritos de revolta que me ensurdeceriam.
Amaina vendavais que me levariam, quiçá, para o nada.
Luta por mim, nas lutas travadas intimamente.
Estou aqui, ali... Em todo o mundo.
Penso que todo o mundo é meu e o mundo sou eu. Mundinho. A voz é fiel?
Moro em mim. Caminho assim.
Autossuficiência?
Arrogância? Temeridade?
Mediocridade.

<u>A VOLTA</u>

Pelos "Caminhos e Descaminhos", cantava o silêncio e os gritos da vida.
A passos lentos, ia em cadência de pranto, pelo mundo violento.
Arcabouço da existência.
A passos largos, o coração ao relento... Em busca de fé e esperança, voltei.
Estava à porta de minh'alma, que, aberta, me aguardava.
Suave brisa me acariciou.
Entrei... Em harmonia com o Universo.
Água corrente, sobrenatural, a correr em meu interior. Paz.
Um Ser Superior em meu íntimo.
Essência. Quintessência.
Caminhei comigo mesma.

6 – DE PAPUDOS E PAPUDAS

PRESOS E PRISÕES

Minh'alma chora...
A mente ora, toda hora.
A cada instante, o mundo sente
Que é pequeno e impotente.

Grassa a violência, indecência,
Imoralidade, inclemência.
Nada é mais valor perene.
Tudo é relativo.

Criminalidade é solene.
Cria espetáculos espetaculosos,
Midiáticos, luminosos.
Dignos de peças teatrais.

Prisão não mais envergonha.
Brio? A cegonha levou no bico.
Tornozeleira? Peça corriqueira.
Aumentem-lhe o fabrico.

Medidas alternativas.
Para que prisão preventiva?
Custódia em domicílio,
Regada a uísque, anticoncílio.

Presídios viraram mansões,
Em lagos de norte a sul.
Não há colarinho branco nem preto.
Não vige nenhum preconceito.

CURITIBA E PAPUDA

Curitiba e Papuda, não se iluda,
A Lava Jato, em sua inteireza,
Pode acabar lavada,
De tanto riqueza lavarem,
Se juízes relevarem.

Não se enodoará a Justiça,
Não se corromperá a Imprensa?
Vença-se a bandidagem.
O crime hoje compensa.
Presunção de inocência.

Presos entendem tipos penais,
Conhecem juízes de toda instância.
Há quem pregue intolerância
Aos agentes da corrupção,
Enquanto usufrui da falsa indignação.

Tudo anda na Justiça,
Às vezes, para trás.
"O homem de Alcatraz"
Hoje, não busca libertar-se,
Pela baía de algum santo.

Para seu espanto,

Há Bancas e Bancos de advocacia,
Processados endinheirados,
Recursos em demasia.

Há Bancas e Bancos de advocacia,
Processados endinheirados,
Recursos em demasia.

PANACEIA JURÍDICA

Todos amam a Democracia,
Igualdade, isonomia.
Atrás de grades e de liberdade,
Só querem a graça da impunidade.
Indulto natalino, soltura provinitiva.

Alguns são mais iguais,
Em presídio e mordomia.
Prisão domiciliar, a pura regalia.
Só serve aos sem-teto,
Que, em celas insalubres,
Acham sua moradia.

Habeas Corpus já é homeopatia.
De pequenas em pequenas doses,
Vai sumindo com edemas, pustemas.
Jurisprudência, demência, alquimia.
Paliativo ou sucesso definitivo?

Remédio constitucional,
Agora já virou simpatia.
No mundo jurídico, é panaceia.
Consolidou-se a ideia.
Sonho de consumo sonhado
Por papudos e papudas.

7 – A OLHAR POR UMA JANELA

A VIDA ALÉM DA JANELA

Do outro lado, há os carros que passam e o ruído que fica em meus ouvidos, a atordoar.
Há nuvens claras e cheias de figuras de velhinhos barbudos e de anjos.
Placas que me parecem suspensas, coladas no ar, nos enormes letreiros em vermelho e azul.
Armações de prédios que se levantarão, não sei a que altura do espaço.
Edifícios outros que se acumulam na Praça do Bandeirante. É Goiânia.
Só de longe, da minha mesa, avisto diversos, todos emparedados.

Do outro lado, sei que há homens e mulheres bem-vestidos, alguns uniformizados. Trabalhando nas instituições bancárias e escritórios.
Moças vaidosas que atravessam ruas e praças, com charme e convicção de sua beleza.
Outras tantas, humildes e pensativas, às portas de magazines, boutiques, bazares, a dizer e sorrir, qual autômatos, em tom igualmente mecânico:
– ÀS ORDENS"...
De cá, estão outras pessoas, pagas para pensar, refletir, pesquisar, diagnosticar e propor soluções dos problemas de muitos.
Muitos que estão além da janela.

O LADO DE LÁ DA JANELA

De lá, correm, incessantes, veículos, tempo, ilusão, desilusão. O sonho, a tormenta, a própria vida.

Além da janela, há os que cantam e os que riem... Os que choram e deixam caírem as lágrimas sem secá-las e seguem.

Há mulheres, com e sem crianças maltrapilhas, esparramadas nos passeios. Os braços esquálidos estendidos ao Céu e aos transeuntes.

Há homens com as mãos cheias de apólices, bolsos e pastas executivas atopetados de cheques recebidos.

Decerto, do outro lado, há gente estorcendo-se em dores, atirada no asfalto, vítima de acidente. Lá na esquina.

Ambulância a 120 km/h, sirene ligada, precisando chegar a 180 pra salvar uma vida. Mas, colide com veículo particular e mata seu condutor.

Homem que ia para o trabalho, a fim de garantir o pão de cada dia pra família.

Do lado de lá, é uma verdadeira maratona: corrida de carros, de lágrimas, decepções, sorrisos, hipocrisia.

Corrente de sangue e... até de amor.

A JANELA ABERTA DE CÁ

Ainda bem ou ainda mal, o lado de cá, visto do outro lado, é o lado de lá...
Entretanto, se aqui há competição e quedas, altos e baixos...
Vitórias e promoções, tristeza, há, igualmente, corredores mal iluminados, becos sem saída. Indecisão, dúvida.
Onde fazer conversão? Seguir em frente?
Ocorrem muitas colisões. A dúvida, também, pode ser fatal.
Choques. De ideias e ideologias.

Aqui, também, a vida acontece. A diferença é que os de lá não sabem o que se passa nos pavimentos inferiores nem superiores, antessalas de gabinetes, de escritórios. Solenemente instalados.
Do lado de cá.
Para quem se acha além da janela, aqui é muito silencioso.
Não se ligam sirenes. Não se ouvem gritos de dor.
Os males daqui acontecem aqui...
        Aquém da janela.

8 – DO VAIVÉM

DE BEM COM O VAIVÉM

A mocinha pode haver entrado antes, no vaivém da praça do cinema.

Só se lembra dele, entretanto, no dia de seus dezoito anos.

Usava um belo vestido de seda.

Estampado de rosas vermelhas, em fundo branco.

Sua mãe o fez pregueado, de um dos ombros até a cintura, do lado contrário, formando um decote V.

Tomou a maioridade por marco de independência. Dona do próprio nariz.

Trabalhava fora desde os dezesseis.

Fez a mãe chorar ao vê-la e à outra filha saírem para o primeiro dia de labor.

Status Professoras do Ensino Primário.

Era do tempo em que ao pai cabia sustentar a família, mesmo se tivesse doze, treze, quinze filhos.

Somente os homens deveriam entrar no mercado de trabalho.

As moças, no vaivém.

Desfile de beleza e ingenuidade.

<u>NO VAI E VEM DA VIDA</u>

Pois sim, pois não. Antes de entrar no vaivém, a moçoila sentou-se num banquinho de jardim e quando viu, apareceu ali um baixinho e se abancou ao seu lado.
Puxou conversa. Era um lusitano.
Sem mais nem menos, já lhe fazia declarações de amor. Santo Deus!
Saiu à francesa e foi até a entrada do vaivém.
Não é que aí deu de cara com uma amiga, a conversar, animadamente, com um rapaz loiro, baixinho também, de olhos muito vivos e azuis?
Era bem alegre, extrovertido, "boa praça".
As jovens eram, igualmente, loiras, olhos verdes. Padrão internacional...rsrsrs.
De repente, o casal recém-conhecido começou a trocar olhares cor-de-rosa.
A recém-chegada mal sabia que acabara de tomar o namorado da menina.
Que coisa!!! Ó dó!!!
Seus dezoito anos continuam a ser comemorados, até hoje... no vem e vai, no vai e vem da vida.

O VAIVÉM SOB OUTRA ÓTICA

A calçada era imensa e larga.
Estendia-se de uma rua, passava abaixo dos barrancos onde
terminava o tosco jardim da praça... e seguia, até as adjacências
do cinema.
Suas dimensões, talvez, fossem inversamente proporcionais à
nossa visão.
Era aí que as moças desfilavam beleza e sorrisos. Em flertes.
Equilibradas em saltos agulha. Bem vestidas e maquiadas.
Penteados. Era a moda.
Os jovens, por sua vez, ficavam postados à beira da calçada.
A maioria usava terno e gravata.
Bem trajados assim, pra não serem tachados de moleques.
O vaivém tinha seu auge aos sábados.
Era aquele vai e vem... vem e vai... vai e vem.
Mal comparando, era um leilão, onde lances são dados e a
prenda arrematada. Objeto de desejo.
Mas, naquele tempo, o vaivém era quase necessário. Utilidade
pública.
Ninguém o menosprezava.
Bem aceito, reverenciado.
Ah! Hoje!
Num vaivém, não entraria.
Vejo-o sob outra ótica.

DE VAIVÉM E SERROTE

Fosse vaivém um serrote, eu diria:
"Se vaivém vai e vem, vaivém vai.
Se vaivém vai e não vem,
vaivém não vai". Abaixo o empréstimo. No desfile da vida,
entrei no vaivém. Vai e vem. Vai e vem. Vai e vem. Vem e vai.
Vem e vai. Vem e vai. Moças desfilando na praça. Com as
melhores e tão variadas roupas. Cabelos penteados em
penteados. Maquiagem bem feita. Salto alto. Os rapazes em pé,
olhando as moças que vão e vêm. Hoje, eu me recusaria a
desfilar. Nós estávamos ali, expostas, feito um lote P. O. Dou-lhe
uma! Dou-lhe duas... Que ridículo! Estou decepcionada comigo.
Eu estava ali, no vai e vem. Vai e vem. Vai não vem. Não vai.
Serrei-me.

9 – DE ALERGIA OU DE ALEGRIA?

<u>ALERGIA SEM DIAGNÓSTICO</u>

Aversão a P de preguiça.
Essa, o Especialista não diagnosticou.
Sou severamente alérgica a inércia, parasitismo, frouxidão.
Alérgica a gente acomodada… Que não se importa com nada.
Gente fria. Pacata. Apoltronada. Só em TV ligada. Em redes,
viciada.
Sua mente é instrumento do não fazer...
Não crescer. Não fugir do mal.
Sempre a maldizer e a reclamar.
Também não descarta uma blasfêmia. Desgraça!
E preguiça não põe mesa.
"Na casa dos preguiçosos,
Há sempre falta de pão.
Todos ralham. Todos gritam,
Porém, ninguém tem razão." Afinal, dessa alergia, eu padeço.
Irremediavelmente. - Vai trabalhar, vagabundo!

NÃO TROQUE AS LETRAS

Diz a Medicina, com certeza absoluta, que sou alérgica a três P.
P de POEIRA , que não resiste à zoeira.
Logo, logo, cai na roda de samba:
"Levanta! Sacode a poeira, dá a volta por cima".
Jesus até disse aos discípulos que, se mal recebidos em uma
casa, saíssem sacudindo a poeira dos pés.

Alergia a PIMENTA? Puxa!
Desacredito. Pois que alimenta e apimenta a vida.
Faz menos insípido cada dia.
Tira a sensaboria e sengraceza da rotina.
Pimenta bode (pode?), pimenta cumari, dedo de moça,
malagueta, malaguetinha, pimenta-de-cheiro.
Apimenta pratos de amor, caldos e rescaldos de praia-mar.
Mulher pimenta? Ah! Não sei. Nem todo mundo aguenta.
De todo jeito, quero plantar, colher, abusar do molho de
pimenta.
Alergia ao P de papel? Já vem. Que papel feio!!!

ALERGIA A PAPEL

Alergia a PAPEL?
Nananinanão! Como???
Até agora, é o que me preenche e me deixa traçar letras
sulfurosas, chás amargos ou favos de mel.
Nada digital! Só dátilos.
Papel é parte de mim.
Cartas de amor, de adeus, de reconciliação. Bilhetes.
Correios elegantes e deselegantes.
Poemas de lamentos e tantos excêntricos. Furiosos. Indignados.
Irresignados. Românticos. Piegas.
Ditados extravagantes, hinos criados, palavras que não voam...
Tudo escrito.
Como ficar sem papel?
Papel de carta, de parede, blocos de papel, resmas. Rolos.
Maços. Pergaminho. Linho. Desalinho.
E o papel toalha, o papel-moeda, moeda papel e assemelhados
ao higiênico?
Sou papel, mas não papel de jornal, que aceita de tudo.
Fazer papel de bobo... Bonito papel!
Que papelão!
O que fazer com a hipersensibilidade aos PÊS que estão a seus
pés, em suas mãos, impregnados em você?
E anafilaxia? E adrenalina?

Reservo-me o direito de fazer o papel da minha vida.
Esse é o meu papel.
Obrigada. Por nada.

10 – MEDO DE ASSOMBRAÇÃO

<u>ALMAS PENADAS</u>

Desde muito pequenos, todos ouvíamos casos de assombração, de dar arrepios.

Tudo acontecido, comprovado, quais as pessoas e como ou o que a assombração fez.

Algumas eram almas penadas, que só paravam de agir quando perdoadas ou quando um corajoso enfrentava uma delas e perquiria:

- De que você precisa? Pode falar.

- Fiquei devendo três cruzeiros lá na venda do Ditinho.

- Fiz voto de dar almoço de Natal para as crianças pobres e morri antes.

- Tô te pedindo perdão, porque bati no seu afilhado e você me odeia. Não queria ir pro inferno.

Outras, jogavam pedras, que se debulhavam com grande estrondo, no assoalho do casarão da roça.

Homem que morreu assassinado pelo filho vinha usando esporas e ia arranhando, estrepitosamente, o piso de madeira.

Nesse meio tempo, levava rapaduras de uma prateleira para outra. Na mesma sala da tragédia.

Chicotadas nas portas e em tamboretes.

Vozes horripilantes... Sempre à meia-noite.

EXPLICAÇÃO? NENHUMA!

Das almas penadas, ninguém teve explicação.
Ou cumpria as promessas, pagava a dívida do finado, liberava perdão ao extinto ou, para o resto dos dias, aguentava assombração.
Chibatadas, pedras grandes atiradas do alto se espatifando, vento assobiando, a derrubar tudo.
O tempo, lá fora, uma calmaria. De nada sabia…
Louças e panelas jogadas ao chão... Seres estranhos andando pela casa. Fantasmas de todo jeito se aproximando das camas. Grrr!
Arrr!!! Arrepios. Calafrio. Suor.
O "assombrado" ia lá e tudo estava no lugar. Tudo certo.
Não via nem ouvia mais nada.
Era mesmo assombração, irmão.

CASAS MAL-ASSOMBRADAS

Casas mal-assombradas eram rejeitadas, de plano.
Numa dessas, na fazenda, um homem desassombrado, que outro
não era senão meu pai, resolveu morar.
A certa hora da noite, o barulho horrível começou.
Ele, de imediato, acendeu a lanterna. Firmou-a na direção de um
ser qualquer, ofuscando-lhe a vista.
Sem se levantar, pegou o tresoitão e meteu bala, sem saber em
quê.
Quase morreu de medo da "assombração"!!! Inda mais quem!!!
Era um ouriço cacheiro, que toda noite subia por uma estaca de
madeira, pra dormir rente ao telhado!!!
Disparou a arma e ele veio ao chão...
Caiu tão perto da cama, que poderia ter caído em cima dele.
Acabou-se o barulhão.
A casa virou habitação.

<u>AS PASTAS DE ALGODÃO</u>

Podia fazer o calor que fizesse, eu me cobria da cabeça aos pés, com coberta de lã, com medo de tê-los puxados por uma assombração.

Meu irmão José, sonâmbulo, andou pelo casarão, desceu escadas, zanzou pelo quintal e, na volta para o quarto, acordou aos pés da escada que teria de escalar. De uns dez degraus!

Arr! Calafrio. Tremedeira. Encolhe as pernas. Firma as mãos na parede! Dobra o corpo. Remexe.

Meu Deus! Estava quase toda tomada de pastas de algodão!

Não seria de amedrontar ninguém, a não ser qualquer um de nós, moleques malvados, que apelidamos de Pasta a velha ranzinza, vizinha de fazenda. Recém-falecida. Que pavor!

Seus cabelos eram brancos, branquinhos. Plumas.

É. O molecote precisava dormir, coitado!

Não tinha saída. É subir ou subir a escadinha! O quarto era lá pra cima.

Subiu pé ante pé, com muito jeito, encolhendo o peito, esticando as pernas e se pondo rente à parede.

A danada da escada era estreita! Misericórdia!

Tudo fez, num instante que não passava, para não relar nos chumaços de algodão/assombração.

Aaaa!!! Roçagou as plumas! Pas... pas ... sou! Nas pastas não encostou! Ufa!!!

Acho que teve dor de barriga psicológica! Ah! Teve!!!

11 – ASSOMBRAÇÃO AO VIVO

<u>O PAVOR</u>

Na Fazenda Cachoeira/Damolândia, além da beleza de seus jardins, pomar, volumosa bica d'água, casa em chalés, escadaria e muito mais...
Havia, ainda, uma casinha de despejo, tipo mil e uma utilidades.
Uma noite, fazia muito frio.
Meu irmão José e eu fomos lá para trás da tal casa. Acendemos um foguinho e ali, muito à vontade, ficamos a nos aquecer e conversar...
O fogo foi aceso em frente de uns pés de café, já bem crescidos e frondosos.

O que dois irmãos achavam tanto a falar e rir, não se sabe.
Tudo era calma e só nossa voz soava ao relento.
As mãos se esquentavam às labaredas e a prosa "dos meninos", cada vez mais animada. 🔥🔥🔥
De repente, por detrás dos arbustos, ecoou uma voz tenebrosa e repetida:
AAAA...AAAA 🔊 🔊AAAA ...🔊 🔊...ÓÓÓ. ..ÓÓÓ 👹👺💀👹
- Ai!!! Ai!! ! NOSSA SENHORA! CREDO EM CRUZ 😨
Saímos em desabalada carreira...
Que assombração danada é essa?
Próximo lance.

A DANADA É ALMA PENADA

Uma voz fantasmagórica, à noite, fundo de quintal da fazenda, deixou os meninotes apavorados e esbaforidos.

AAAAAÁ!!! OOOOÓ!!!

Meu irmão José tropeçou e a unha do dedão do pé foi toda arrancada. Correu sem a unha mesmo!

Entramos em casa, em pânico, gritando que havia assombração lá no quintal.

O pé dele sangrava e lágrimas rolavam dos olhos arregalados.

Todos muito assustados! Minha mãe quase chora de dó de nós.

Meu pai, com a calma e frieza com que recebia notícias alarmantes, pôs-se a contar a filharada.

De "mamano a caducano", eram nove.

- Opa !!! Falta UM??

Mandou verificar.

Ana Luíza, atriz nata, dormia a sono solto. Logo, não foi ela, concluiu-se.

Era assombração, siiim! Misericórdia!

Meu pai, mesmo nos vendo transtornados, disse: - Óia, vamo durmi.

Isso É SÓ CISMA...

Não foi nada não? Lá pela meia-noite, a "assombrante" Ana Luíza acordou (desta vez, havia dormido, realmente).

Pela porta do quarto, vinham andando no ar e vestidos de anjo, os gêmeos Lázaro e Antenor (de três anos).

Cada um com uma vela acesa na mão.

Chegaram pé ante pé, em asas angelicais.

Bem de pertinho, até roçar seu rosto... deram-lhe um sopro na face.

Voltaram de fasto, devagarinho... vagarinho... até desaparecer.
A esperta "dormideira" sentiu remorso e medo da assombração: ao vivo e em cores.
Nunca mais fazer assombração!
Nem!!! Nunca mais!

12 – DE ASSOMBRAÇÃO OUTRA VEZ

<u>DA MULA SEM CABEÇA</u>

Meu primo José Sesóstris, após ler meu casinho Medo de Assombração, perguntou (ao telefone, de Cuiabá):
- Já são altas horas da noite. Como faço pra dormir?
- Você ainda tem medo? Aí é pior. Alguma alma penada pode puxar seu pé!
- Nossa Senhora, prima. Faz isso comigo não. E prossegue:
Nós morávamos no Baú e as festas boas de igreja eram no Monjolinho. Só que no meio do caminho havia (ainda tá lá) o cemitério da região.
O cerrado cobria a estrada. Como fazer pra voltar das novenas?
À noite, tinha de ser em grupo.
Mas no cerrado do Augusto Calixto é que ficava tenso. Aí a coisa ficava feia!
Nós éramos uns quatro companheiros e passamos por maus pedaços.
Já vimos de tudo. Mas o que mais me impressionou foi uma mula sem cabeça.
Estou correndo até hoje!!!
- Mas primo, a coitada nem tinha cabeça. Que medo é esse?
- É, mas no meio do mato, no escuro absoluto e perto do cemitério...
- É, primo, vou te contar... Vootee! Misericórdia! Dá medo só de pensar nas cabeçadas da mula, kkk!!!
- Mas prima, ela soltava fogo pelas veeentas!!!
- CREDO EM CRUZ! Com coisas doutro mundo, NÃO SE BRINCA!!!

FANTASMA PEDAGÓGICO

NÃO! Não faltava nada, mesmo!
Entre crianças e adolescentes, éramos oito irmãos em casa.
Os outros quatro já estudavam ou trabalhavam fora.
Um dia, pra variar, minha mãe, que era bem brava, estava,
excepcionalmente, zangada com um dos gêmeos.
Não sei ou não lembro o que ele tanto fazia, pra deixá-la
contrariada desse jeito.
O certo é que parecia haver esgotado sua paciência com as
peraltices do moleque.
Ia dar-lhe uma surra daquelas e era AGORA?
O menino sabia que a ameaça iria cumprir-se e não pensou duas
vezes. Acho que nem uma.
Era noitinha...Tudo muito escuro.
Lazinho esguaritou pelo quintal afora.
Luz? Só de lamparina.
Estava por lá, bem escondidinho.
A raivinha da mãe logo passava. Todos sabiam disso. Era só dar
um prazo.
Mais tarde, entraria em casa, pé ante pé, e sem risco algum
chegaria à cama, aconchegante cama, que dividia com o gêmeo
Antenor.
A porta da cozinha ficava só cerrada.
Entretanto, a irmã mais velha, sua Dinda, não era desse mundo.
Maquinou tudo. Maquiavélica.
Chamou a Carmelita, que talvez tivesse oito anos, e convenceu-a
de fazer o
"Gasparzinho".

Pretendia passar-lhe um grande susto, um medo de arrepiar, para que não fizesse mais um montão de coisas erradas, peraltices.

A mãezona não era pra "enfezar" mais não. Coitada, com aquela récua de pirralhos!

Procurou o mais branco lençol de casal, com que cobriu até a cabeça da irmãzinha fantasmagórica.

E lá foi ela, toda preparada.

Ninguém contava era com a reação do menino.

Ao se aproximar dele, "Gasparzinho" abriu os braços e fez voz de fantasma. Em meio às trevas e plantas:

ÓÓÓÓ. ..ÓÓÓ.

Bastou.

O garoto foi ao chão. DESMAIADO!

- Nossa Senhora! Meu Deus do Céu. Ele morreu!!!

A mãe, que não sabia de nada, quase desmaiou também.

As encarregadas do "serviço" puseram-no em seus braços e pediam socorro, aos gritos:

- Gente, pelo amor de Deus! Um litro de álcool pra esfregar nos pulsos dele! Virgem Santa, era só uma brincadeira! NÃO DEIXA ELE MORRER NÃO!!!

Juro, meu Deus, nunca mais faço um "trem" deesses!

VOOOLTA, LÁZARO!

O pavor enchia casa, quintal, era ouvido na vizinhança. Ares de tragédia.

As galinhas cocoricavam assustadas e queriam até voar do poleiro.

Finalmente, para alívio de todos, ele voltou a si.

A Dinda chorava... Num misto de felicidade e arrependimento.

QUE SUSTO!!!

Era de tardezinha quando resolvemos sair de Cuiabá com destino à vizinha Santo Antônio do Leverger.
Íamos saborear lá o famoso arroz Maria Isabel, com aquela carne de sol, bem desfiada, outros pratos típicos e apreciar e devorar os doces mais doces, contidos numas vinte compoteiras.
Só de lembrar, dá água na boca.
Conosco estava gente muito importante de Brasília, ansiosa para conhecer tudo.
Já havíamos nos maravilhado com as belas cachoeiras, com destaque para a Véu de Noiva, a paisagem única, o Portão do Inferno (ponte com precipício em cujo fundo um carro de passeio é um carrinho de brinquedo)... na subida para a turística Chapada dos Guimarães. A oitocentos metros de altitude.
Bem, agora estamos na rodovia para Santo Antônio do Leverger...
Paisagem suave, tudo muito verde, pura vida na vegetação.
Querendo ver tudo que também não conhecia ainda, olhava para os dois lados da estrada, numa curiosidade infantil.
Não é que de repente, valeu a pena?
Meus olhos, e eu boquiaberta, depararam com uma casa toda ajardinada, no alto de um outeiro.
O gramado que a rodeava era de um verde impressionante.
Nem consigo descrever tanta beleza.
Pareceu-me uma estância, superluxo.
Não vi a hora que abri a boca, pra compartilhar, com os companheiros de viagem, minha empolgação.
- Gente, que coisa mais linda essa casa no morrinho! Queria morar aí!!!

- Muito fácil, respondeu, na lata, o do lado:
- É só você morrer...
Era um cemitério. A casa toda em gavetas.

<u>DE COISAS DOUTRO MUNDO</u>

Hoje em dia, sem falsa modéstia, nada do outro mundo me assombra.
Nem se presta a me assustar.
O que hoje me causa medo, pavor, susto, arrepios, mal estar geral... só mesmo as coisas desse mundo.
Assombrado pela violência, pela degradação moral, pela banalização do crime e da vida.
Temo, realmente, as coisas desse mundo.
Estou pronta para tratar com alma penada, fantasma, espírito a vagar no espaço.
Pode vir quente!

13 – DA PANDEMIA

QUE TRAGÉDIA!

Ao longe, bem longe, o ruído de um carro.

Parece o silêncio da meia-noite.

Sinos não dobram.

Pêndulos de carrilhões quietos, mas a sirene de uma ambulância
põe-se a tocar e acelera o atendimento que urge.

No relógio de parede, o ponteiro grande sobrepõe-se ao
pequeno, em cima do 12.

Pássaros dormindo.

Árvores e flores todas de olhos fechados.

Pode ser meio dia de um dia que não surgiu, de um sol que não
apareceu no oriente.

Eclipse total no céu e na terra?

Portas do comércio, dos lares e das almas, lacradas.

Lembro Raul Seixas, com O Dia em que a Terra parou. Ninguém
poderia imaginar o cumprimento da louca profecia.

As trevas da pandemia desceram e cobriram o universo. Igualou
a todos, na escuridão do desconhecido.

Cientistas debruçam-se sobre livros e experimentos. Recursos
cibernéticos.

Não dormem. Não comem.

Não param. Dia e noite, noite e dia. Esquecem-se de si mesmos.

Todos, até os teístas e ateístas, possivelmente, genuflectam e,
quem sabe, fazem o sinal da cruz...

Correntes de oração percorrem e ligam o mundo.

Faltam insumos e vacinas. Kits Covid.

O mundo procura imunizantes de toda natureza e origem.
Colheres e copos de chá, grudes de engodos, panaceia,
vermífugo, cloroquina.
As filas de vivos e mortos estão pra todo lado.
Faltam velas, salas de velório, crisântemos e coveiros.
Haja vagas em hospitais.
Haja caixões e crematórios.
Falecem jovens e idosos. Famílias inteiras.
Proliferam máscaras coloridas e descoloridas.
Tristeza. Depressão. Tampão de sorrisos. Angústia. Tormento.
Medo.
Nenhum abraço. Nenhum aperto de mão. Nenhum beijo.
Desolação. Isolamento.
Mede-se a temperatura e recebe-se álcool para higienizar as
mãos, em todo lugar público.
Lockdown. Decretos. Negacionismo.
Panelaço. Buzinaço. Indignação. Revolta. Insegurança.
Restrições à vida.
Novas cepas, mais contagiantes. Mais filas.
Intubação. Menos leitos de UTI. Mais óbitos.
Responsabilidade concorrente e diluída.
Corrupção. Desvio de verbas. Clandestinidade na venda de
vacinas e na vacinação.
Grupos de risco preteridos aqui e ali.
Aulas presenciais ou on-line? Creches fechadas. Desemprego.
Desespero.
Falência. Crise na Economia mundial.

Bolsas de Valor e desvalores.

Miséria maior dos miseráveis.

Feiras livres que perdem a liberdade.

Notícias desencontradas e alarmantes.

Síndrome do pânico. Estado de guerra lançado contra o invisível.

Tudo é virtual, exceto a realidade da pandemia avassaladora e sórdida, repulsiva.

Enfrentamento desigual. Falta oxigênio. É preciso respirar.

Navegar é preciso... Viver não é preciso?

Controvérsia. Confusão. Torre de Babel.

Como diria Guimarães Rosa, em Grande Sertão: Veredas, com Riobaldo x Hermógenes, o CÃO, o DEMO!

<u>CHORA!</u>

É a hora!
Choraste tanto fora de hora.
Por supostos amores perdidos, prováveis amigos sumidos, sonhos desvanecidos...
Concursos frustrados, obras não lidas até o fim, amizades desfeitas... saudade.
Lágrimas desperdiçadas, que derramaste de teu coração.
Não sabias que o tempo seca a água de teus olhos, leva mágoas e ressentimentos, cura-te a alma?
Ah! Ignorar o prodígio do tempo levou-te a estado depressivo.
Ficaste retraído, isolado, ultrassensível, tão dramático! À beira do abismo, te sentias.
Depois, veio a noite.
Temes as trevas, esquecendo que na escuridão é que vês a lua e as estrelas.
Choras de medo, sem uma razão plausível. Mas, a dor é tua e somente tu lhe conheces a intensidade.
Ninguém pode sofrer em teu lugar.
Alguém até pode chorar contigo e amenizar-te o sofrer.
E se és uma criança a lamentar?
O choro de uma criança pode ser sentido tanto quanto o de um homem-feito.
Sensibilidade e sentimento não têm idade.
Variam os motivos e a lástima adulta sempre acha fundamentos concretos, seja de ordem familiar, seja de ordem financeira, seja, ainda, motivada por outras causas.
Basta que te toquem a mente e o espírito.
Já não me proponho dizer que desperdiçaste lágrimas.

Apenas penso que houvéssemos de deixá-las para as grandes dores, que são, enfim, somente daquele em cuja face as lágrimas descem. Quem sabe, lágrimas de sangue.

Chora. Não é mais fora de hora.

É hora de um adeus precoce. Ida sem volta.

A pandemia vem feito uma avalanche de neve e faz mais uma vítima. Desta vez, foi ele.

A ira de Deus passa num instante, seu favor, porém, é para a vida toda.

O choro pode durar uma noite, mas a alegria vem pela manhã, mesmo que não seja esta manhã ou daqui a centenas delas.

<u>COMO DE COSTUME</u>

Nada mais alarma.

É pandemia.

Morre um hoje, milhares em 24 horas, milhões pelo mundo afora.

Você está a salvo?

Tem porte atlético, usa chá de boldo e até cloroquina. Açafrão, gengibre, própolis, glutamine, sal, vinagre, pimenta do reino.

Toma bebida alcoólica, higieniza as mãos toda hora, usa máscara de marca.

Em casa, plantas que atraem saúde e prosperidade.

De repente, começa a tossir.

E não para. E não teme. Não está em grupo de risco.

Frequenta academia, tem personal. Isso não há de ser nada.

E a tosse persiste e resiste.

Os pulmões mais parecem um véu.

Alguém bate à porta. É meia-noite.

Nota de falecimento.

14 – FESTAS DE FIM DE ANO

<u>MENSAGEM DE NATAL</u>

NATAL, noite esparzida de estrelas.
Noite de mil cores, de luz, presépios, noite divina de glória, da meia-noite, a grande hora da alva redentora em que Jesus nasceu.
Natal de Jesus Menino, Homem, Deus.
Redenção. Marco entre o homem pecador e o redimido, que, de ínfimo e miserável, levanta-se pela mão do Filho e se torna digno do Pai.
Natal em que o homem se ergue pelo sangue de Cristo e se faz filho do Altíssimo.
Antes do advento, o homem não sabia se era grande ou pequeno. Cristo veio mostrar-lhe ser maior que o Universo, pois pode contê-lo sem ser nele contido, por ser anímico, ultrapassando os limites terrenos.
Natal, que devia ser brilho, esperança, luz, júbilo, perdão, materializa-se a cada dia, a cada ano.
Não mais o espírito natalino, o rito sacro, não mais a noite comemorativa do nascimento do Salvador.
Apenas grandes ceias, requinte, finura de uma festividade profana.
O ilusório Papai Noel, que só visita algumas casas, poucos lares, algumas crianças, deixando tantas sem compreender, em sua infantilidade e inocência, por que o "velhinho" não as presenteia.
Papai Noel, objeto de comércio, mote para vendas [...].
Façamos com que o Natal não se restrinja ao estouro de champanhas, às ceias, ao mero comparecimento a uma igreja.

Que seja autêntico, verdadeiramente cristão, dia e noite de compartilhamento, graças e bênçãos.

Que Jesus deixe a manjedoura e renasça no coração de cada um, aproximando-o daquele a cuja imagem e semelhança fora criado.

Que o torne mais sensível, para não só pensar na miséria de muitos, levando-lhes presentes, mas que seja presença, aperto de mão, doação, sorriso.

Se esta mensagem tão generalizada, de NATAL comercial, é para você um tema velho, mas sempre atual, aceite-a.

É a você que a envio.

A você, que hoje se sente feliz, felicíssimo... A você, que talvez esteja triste, muito triste...

A você, para quem o Natal seja um dia como outro qualquer...

A você, também, que se enternece ao ver os meigos olhos do Menino Deus, a renascer em seu ser, nesse 25 de Dezembro,

.... a você... a você... a você,
FELIZ NATAL.

<u>EU SOU O ANO NOVO!</u>

Chego resplandecente, fulgurante de esperança.
Aguardam-me com festas e espetaculosos fogos de artifício...
Em praias, salões, praças e edifícios.
Sou o Réveillon, o despertar do novo ano.
Venho em doação plena de 365 dias, para sua vida, planos,
projetos, realizações.
Acolho suas promessas para consigo mesmo e para com o
mundo.
É como se a vida renascesse ou você a renascer para a vida.
E vêm as calendas, de janeiro a dezembro.
As promessas, quase sempre, não se cumprem. Simples
calendário.
Vão para as "calendas gregas".
Penélope continua no seu tear, tecendo a mortalha para Ulisses,
até que um decênio se passa.
Ele volta, sem que a outro pretendente ela dê a mão.
Seu tear, porém, filho do Ano Novo, não é o da prendada grega.
Vai urdir e o feito não vai ser desfeito, à noite.
Viva cada momento que passa e você não vê.
Feliz Ano Novo! Tim-tim!!!

<u>DE REPENTE... O ANO NOVO!</u>

De repente, tudo fica insípido!
Sem sabor, inodoro.
Resta alguma cor.
Pode ficar amarelo.
Dizem que é alegria.
Aqui, porém, só dá tristeza.
O real não é realeza.
Na pandemia, insipidez de solidão é nobreza.
A ordem é o isolamento social.
Anormal.
Sempre vivemos juntos:
No preconceito.
Na ingratidão.
Na insensatez.
Na desfaçatez.
De repente, vai um amigo, outro e outro... um conhecido, um
desconhecido, um famoso.
A vacina é disputada, politicamente.
O mal de 2020 é mundial, um fantasma tóxico.
Não escolhe idade, cor nem classe social.
Vence armas poderosas.
Canhões e metralhadoras, aviões de guerra e mísseis não podem
com o invisível.
Tudo à vista e fora da vista.
A impotência humana surpreende grandes potências.

Nesse momento, de repente, você vê que o mundo existe sem você!

Por isso mesmo, resta a esperança de que

2021 venha límpido e transparente, gracioso, sem turvação, perfumado e com sabor de vida plena, para a incrédula humanidade;

A pandemia Covid-19 passe à História, como a peste que, de repente, balançou o mundo e pôs cada um em seu lugar, no mesmo nível;

Água, Terra, Ar e Fogo continuem, indiferentes, a trazer belas paisagens, aurora

e anoitecer, lua a refletir suavidade... energia e vibrações positivas, calor a aquecer-lhe a alma, firmeza para o seu pisar.

A Natureza é presente em nossa vida. Pode, no autoconhecimento, interagir com sua força interior.

No próximo ano, que está às portas, a Vida renasça e o surpreenda, de fato e de repente. Sim, com "a paz de criança dormindo e o abandono de flores se abrindo [...], ternura de mãos se encontrando" e o manso quebrar de ondas nas areias da praia.

Fora, pandemônio! Feliz Ano Novo!

15 – AO FIM DA CAMINHADA

<u>AS MENSAGENS E OUTROS MAIS</u>

Fico lendo as mensagens, nas redes sociais.
Cada um triste e desesperançado.
Pedem renovação da fé e esperança.
Pedem mudança e transformação.
Espraguejam contra instituições e pessoas.
Invocam a Lei do Retorno para invejosos e violentos.
Gritam, aos quatro ventos, a denegrir ou a idolatrar.
Vozes de euforia. Intensidade. Adrenalina.
Viagens internacionais: Paris, Vaticano, Veneza, Lisboa,
Atenas...
Story de luto. Sentimentos profundos. Carinha de lágrima.
Bolos recheados e cobertos de felicidade.
Parabéns. Saúde e alegria.
Tragédia e comédia. Violência e sarcasmo. Não basta a ironia da
vida?
Ostentação. Condomínios fechados. Carrões.
Declarações de amor. Pregação de fé e solidariedade.
Noticiário que alarma. Tóxico. Repugnante.
Ditaduras. Terrorismo. Doenças incuráveis.
Informações falsas e verídicas a confundir a opinião pública.
Conselhos que viralizam. Previsão do tempo e do futuro.
Pornografia lançada e combatida.
Infelizmente, quase tudo encontra ressonância na realidade.
Rezam, oram, imploram misericórdia.
Cantam e choram. Lamento desafinado.
Vídeos estarrecedores do que pode acontecer.
Áudios que ninguém quisera ouvir.
Projeções negativas. Premonição.

Profecias a cumprir-se. Fim dos tempos.
Sai de baixo!

Profecias a cumprir-se. Fim dos tempos.
Sai de baixo!

UMA ESTRELA

Deve haver outras, bem escondidas, sob nuvens escuras. Aos bilhões.
Agora, só vejo uma estrela. Se não for ilusão de ótica, tem forma de cruz.
Solitária, expande luz, sem se importar que chegue longe. Vale por ser luz. Luz própria.
Parece triste, talvez, por se sentir sozinha, lá no alto, na imensidão. Podia compor uma galáxia. Quem sabe, uma constelação.
Seus braços estendem-se reluzentes.
Seus pequenos raios tremeluzem.
A noite se aprofunda. A escuridão recrudesce.
O brilho estelar é cada vez mais refulgente.
A cruz cintilante me abraça.
Volto-me para ela e sorrimos, num *boa noite* ao céu.

DE PASSADO

De passado, a vida está cheia.

Sobram lembranças.

Vêm casos da vida profissional, de colegas que partiram, de lutas, vitórias e até de inveja...

Vêm casos de pescador, que ouço incrédula e rio.

Reminiscências de amores e festas. Perdidos e achados. Os bancos de Faculdade, assentos sem cansaço. Baderna. Leveza de espírito. Trotes sem violência nem deboche, com exceção o tachar de burro o primeiro classificado. Insolência com os coitados professores...

Músicas chorosas e lentas, que os jovens de hoje detestam. Gostam é de cem decibéis e da repetição de refrões sem sentido.

A velharada relembra feitos gloriosos, é ciosa de seus princípios e de sua moral ilibada. Ah! Uns santos!

Estão em praias famosas e enchem a cara.

Quebram ondas e acordos.

Andam aos bandos. Penetram em bailes.

Esquecem compromissos. Sentem-se livres, donos do mundo. Vigor e beleza é que dão as cartas. Rapaziada alegre, descontraída. A música, em LPs, nas vitrolas.

Contudo, lembram-se de tantos amigos que se foram.

Mas recordam a risada de um, os malfeitos de outro, os cabarés, as noitadas, fantásticas pescarias, além dos inesquecíveis carnavais, com livre aspiração de lança-perfume.

E riem, riem, riem.

Só contam vantagem. Ninguém fala de derrota. O passado foi um Éden, sem serpente?

Espécie de pelados e largados, sem maldade, sem culpa, não precisaram da folha de parreira.
Se vivem de passado, seu futuro é o momento.

O OUTRO DIA

Do outro dia, ninguém sabe.
Pode ser agora. Ou amanhã.
Não se preocupe, portanto.
De nada adianta.
Ore e durma.
Caso não acorde, esqueça, você morreu.
Aí, todos vão falar bem de você. Terá deixado muita saudade e bom exemplo de vida.
Velas vão queimando...
Coroas de flores chegam a toda hora.
O tempo é moroso.
Orações e os presentes com lágrimas nos olhos.
Você foi forte e bravo. Nesse momento, é só um corpo a deteriorar.
Os abraços não reconfortam.
Chega a hora de fechar o caixão. Talvez, seja coberto pela Bandeira Nacional.
Esperam-no o túmulo ou o crematório.
A alma subiu ou desceu.
Seu tempo venceu e não será revalidado.
Aguarde. Não desespere. Calma!!!
Essa vida é muita canseira.
Descanse em paz!

<u>EM ORAÇÃO</u>

Senhor, que eu seja humilde, sem subserviência.
Que tenha sabedoria, sem arrogância.
Livra-me dos maus pensamentos, palavras e obras.
Liberta-me do silêncio depressivo e dos gritos de revolta.
Faze-me paciente, sem tendência a submissão e conduta omissiva.
Dá-me vida e saúde, forças e resignação, para carregar a cruz de cada dia.
Destrava meus passos e conecta-me, plenamente, com o Universo.
Cura-me da incredulidade, exceto desse mundo mentiroso e frívolo.
Torna-me franca, sem resvalar para menosprezo e agressividade.
Perdoa-me, sempre, e ensina-me a perdoar.
Que minha crítica seja construtiva e desinteressada...Minha escrita, leve e alvissareira.
Afasta de mim os falsos e pessimistas.
Extirpa de meu ego os sentimentos reprimidos.
Deixa-me ser verdade, sem subterfúgio e pura, sem manchas de hipocrisia.
Repreende-me. Ordena-me andar sobre as águas.
Supre minhas carências materiais e psíquicas.
Purifica minh'alma. Sana meu espírito. Enche-me de paz.
Mantém-me firme em Ti, para continuar de pé. Amém.

A DISTÂNCIA

O tempo ficou muito distante...
Músicas ressoam o passado, que parece de tempos imemoriais...
Os sons, a melodia, os acordes a evaporar, sumindo... sumindo, até não serem ouvidos mais.
As águas todas passaram por debaixo da ponte.
Veio a chuva, molhou a terra, limpou a paisagem.
A seca chegou e fez tudo árido, ressequido...
O tempo não voltou. Cada dia, traz outro tempo.
A alma passou por todas as estações e saiu inteira.
O corpo encurvou. Pernas e braços enrijeceram. A pele, fina e enrugada, traz marcas que vêm do século passado.
O rosto, por sua vez, o tempo não perdoou. Aliás, foi o primeiro a ver-se mudado no espelho. Olhos fundos, palidez, ares de tristeza...
Entre juventude e velhice, foi apenas um dia.
Os cabelos já mostram o grisalho.
O espírito jovial sentiu e ressentiu a distância que separa ontem de hoje.
As esperanças vão decrescendo.
A pressa do futuro acabou. Toda ansiedade bateu em retirada.
Já veio o futuro e tudo virou passado.
Nada mais está longe. Contam-se os dias, que, porventura, ainda surjam ou restem.
Há uma caixa de memórias, um arquivo de amores, um grande salão de festas.
Não há lágrimas. Nem gargalhadas.
A saudade, igualmente, vai-se distanciando... distanciando... embora não morra.

Os sorrisos persistem, cercados por folhas de outono.
A primavera resiste e floresce.
Não há excessos, não há euforia.
Sobras, acaso haja, recolhem-se em cestos de renúncia, de impaciência, de sublimação.
Pouco importa, agora, veemência, eloquência, aparência.
A distância já é um abismo, que cresce, alarga-se e aprofunda, em declive para o fim.

ÍNDICE

ÍNDICE ALFABÉTICO

SOBRE A AUTORA

ORLANDA LUIZA de Lima Ferreira, advogada, poeta e cronista.
Autora do livro **Prosa e Versos Controversos** (2021).
Natural de Lagoa Formosa/MG, veio à luz em 08 de outubro de 1942.
Filha de Sinésio José de Lima e Luiza Fernandes de Lima, a família mudou para Goiás em 1947.
Estudou em grupo escolar, liceu, colégios e Faculdade particulares.
É especialista em Português pelo MEC.
Graduada em Direito pela Faculdade de Direito de Anápolis - FADA, hoje integrante da UniEvangélica.
Casada com o Advogado João Batista Ferreira
Mãe de Paula Fabrícia e Ana Clara (advogadas)
Desembargadora Federal TRF1/Brasília (aposentada)

ATIVIDADES PROFISSIONAIS:

Exerceu-as na Educação, na Advocacia, no Ministério Público do Estado de Goiás, no Ministério Público Federal e no Poder Judiciário da União.

- Professora, Supervisora e Planejadora Educacional – SEC/GO
- Promotora de Justiça e Procuradora da República em Goiás, Juíza Federal em Mato Grosso e Goiás, Desembargadora Federal no TRF1 - Brasília
- Aposentou-se no Poder Judiciário da União, como Desembargadora Federal no TRF 1

- Agraciada com o Colar do Mérito Judiciário Ministro Nelson Hungria e diversas outras comendas, títulos e medalhas, além de várias menções honrosas, ao longo de sua vida profissional.
- Após aposentar-se, retomou o exercício da Advocacia, sem abandonar os exercícios literários, que fez, desde sempre, só recentemente vindo a publicá-los.

Caminhada
POESIA E CRÔNICAS
ORLANDA LUIZA